父亲的格局，母亲的情绪，决定孩子的未来

宁十一 著

北方文艺出版社

图书在版编目（CIP）数据

父亲的格局，母亲的情绪，决定孩子的未来 / 宁十一著 . -- 哈尔滨：北方文艺出版社，2018.10（2021.7重印）
　　ISBN 978-7-5317-4351-4
　　Ⅰ . ①父… Ⅱ . ①宁… Ⅲ . ①家庭教育 Ⅳ . ①G78
　　中国版本图书馆 CIP 数据核字（2018）第 206714 号

父亲的格局，母亲的情绪，决定孩子的未来
Fuqin de Geju Muqin de Qingxu Jueding Haizi de Weilai

作　者 / 宁十一

责任编辑 / 李正刚　赵　芳　　　封面设计 / 杨　龙

出版发行 / 北方文艺出版社　　　邮　编 / 150008
发行电话 /（0451）86825533　　经　销 / 新华书店
地　址 / 哈尔滨市南岗区宣庆小区1号楼　网　址 / www.bfwy.com

印　刷 / 天津光之彩印刷有限公司　　开　本 / 880×1230　1/32
字　数 / 70 千　　　　　　　　　　　印　张 / 4
版　次 / 2018 年 10 月第 1 版　　　　印　次 / 2021 年 7 月第 2 次印刷

书　号 / ISBN 978-7-5317-4351-4　　定　价 / 28.00 元

序

> 所谓父母子女一场，不过是彼此肩并肩成长。

关于孩子未来的发展，一直都是中国父母最关注的话题。"不让孩子输在起跑线上"，这几乎是所有父母都曾喊过的一句口号。然而，作为孩子的父母，我们真的理解"起跑线"的含义吗？

国内热门综艺《极限挑战》曾就"人生起跑线"的问题做了一次实验。参与实验的是一百名即将参加高考的高三学子。

在学校操场上，地面上已经画好了六条平行的直线，一百名学生全部站在第一条线上。然后由"极限兄弟"提出六个问题。每提一个问题，学生的答案如果是肯定的，就可以前进到下一条线；如果答案是否定的，则留在原地。这六个问题分别是：

1. 父母是否都接受过大学以上的教育？

2. 父母是否为你请过一对一的家教？

3. 父母是否让你持续学习功课以外的一门特长且目前还保持一定水准？

4. 是否有过一次出国旅行的经历？

5. 父母是否承诺过你送你出国留学？

6. 父母是否一直视你为骄傲，并在亲友面前炫耀你？

随着问题的提出，差距很快体现出来，有的孩子一直停在原地，有的孩子一步一步领先。最终，只有一名女生站在了第六条线上——她六道题的答案都是肯定的。

提问结束，然而实验还在继续。

此时，有的学生站在第六条线上遥遥领先，有的学生依然在第一条线上停滞不前。"极限兄弟"要求所有的学生从自己此刻所处的位置出发，冲进前方的体育馆内，并且只有前二十名才有资格进入体育馆，其余的人，皆被挡在门外。

残忍吗？残忍。然而现实更加残忍。

其实这个实验最早出现在国外的一个视频中，关于孩子的教育问题，全世界的父母都一样重视。2018年4月在国内上映的印度电影《起跑线》也说明了这个问题。

我们都不希望自己的孩子输在起跑线上，但其实，决定孩子是否输在起跑线上的，不是孩子，恰恰是我们——孩子的父母。

对于孩子来说，父母和家庭对他的影响是十分深远的，甚至是一生的。父亲的格局，母亲的情绪，家庭的氛围，都会对孩子的成长产生极大的影响。

丰子恺先生在《给我的孩子们》一书中，回忆了三件儿时趣事。

第一件事是先生五六岁的时候跟随祖母养蚕。祖母喜欢养蚕，每年都会养很多蚕，儿时的丰子恺也很喜欢在蚕落地时，在架着经纬的跳板上走跳。还常常把五伯买的枇杷和软糕一起分给大家，一大群人其乐融融。对此，先生回忆道："我所乐的，只是那时候家里的非常的空气。……现在我回忆这儿时的事，常常使我神往！"

第二件事是父亲中秋赏月吃蟹。先生的父亲喜爱吃蟹，吃蟹时，在八仙桌上点一盏洋油灯，温一壶酒，盛一碗热豆腐干，点一支水烟筒，打开一本发黄的书，旁边趴着一只慵懒的老猫。这些记忆都深深地刻在先生的脑海中。对此，先生回忆道："现在回想那时候，半条蟹腿肉要过两大口饭，这滋味真好！……儿时欢乐，何等使我神往！"

第三件事是和邻家大哥一起钓鱼。这个大哥哥就像长兄一样，手把手教儿时的丰子恺钓鱼。先生对钓鱼这件事一直兴致盎然，他回忆说："我记得这时候我的热心钓鱼，不仅出于游戏欲，又有几分功利的兴味在内。有三四个夏季，我热心于钓鱼，给母亲省了不少的菜蔬钱。"

先生所回忆的这三件事，其实正是他同祖辈、父母、玩伴一起生活的场景。养蚕的快乐、吃蟹的讲究、钓鱼的成就感，都给先生的儿时记忆增添了不少色彩，也让先生在旅居他乡时多了很多温暖的回忆，这种自然恬淡的美好童年生活，为他今后的创作奠定了基调。先生的绘画和文章总是保持着一种雍容恬静的风格，他的漫画往往是寥寥几笔就能勾勒出深远意境。先生总能以温柔悲悯的心来看待事物，这与他儿时温暖的家庭生活和成长环境有莫大的关系。

其实，对孩子来说，祖辈、父母、玩伴就是他儿时成长的重要环境，这个时期的每个人、每件事，甚至每个平常的日子，都会对孩子的成长产生很大影响。

从孩子出生那天起，他就已经站在父母的肩上从"起跑线"开始奔跑；在孩子还是懵懂的婴孩时，父母和家庭的生活方式就已经在潜移默化地影响他。

父母对待生活认真而努力，孩子就能获得更多面对困难的勇气和力量；父母对待生活有趣而自然，孩子就能养成热爱生命的态度和习惯；父母对待生活豁达而乐观，孩子就能形成更大的格局和世界观。

所谓父母子女一场，不过是彼此肩并肩成长。

父母在教育孩子的同时，也是在教育自己。因为我们的一言一行都会影响孩子，所以我们要谨言慎行；因为我们的格局和情绪都在影响着孩子,所以我们要自我修炼。要知道,父母的成长,也是孩子的进步。

在当下这个讲究"优生优育"的年代,如何培养出一个优秀的孩子,我们内心其实并没有太大把握,不过也是一路摸索,一路前行。

谨以此书,献给所有正在与孩子一起肩并肩成长的父母们。

宁十一

2018.7.1 于北京

目录 CONTENTS

I 父亲的格局,决定孩子未来的方向

父亲具备大格局有多重要 / 002

父亲的格局,影响孩子的一生 / 007

父亲的格局,决定孩子的格局 / 011

父亲的言行决定了孩子的性格 / 015

父亲做家务的态度影响孩子的职业选择 / 019

每个孩子心目中的英雄都是爸爸 / 022

有趣的父亲很有必要 / 026

父亲的样子决定了女儿是否会遇到"渣男" / 030

II 母亲的情绪,决定孩子未来的情商

孩子与母亲的关系模式影响孩子一生 / 036

母亲的情绪对孩子的影响有多严重? / 040

"气象台母亲"对孩子性格的影响 / 043

每个孩子的第一位情商教师都是母亲 / 047

母亲是一个家庭的灵魂 / 052

孩子的特质是由母亲亲手打造的 / 056

有趣的母亲影响孩子的运势 / 061

不要做"有毒"的母亲 / 064

母亲对儿子的婚姻和事业有决定性影响 / 068

目录 CONTENTS

III 孩子未来的一生，由父母决定

父母对孩子的品质形成有多大影响 / 072

夫妻关系比亲子关系更重要 / 076

父母的修养决定孩子的教养 / 081

父母有原则，孩子有纪律 / 085

父母走多远，孩子走多远 / 089

孩子的学习成绩差可能是父母的问题 / 094

IV 你们的家庭环境真的适合孩子成长吗？

家庭的语言环境对孩子的影响 / 098

孩子的新生家庭是原生家庭的 Copy / 102

重组家庭中继父母与孩子的相处之道 / 105

单亲家庭如何营造孩子的成长环境 / 108

隔代抚养孩子不可不知的育儿经 / 111

寒门真的再难出贵子吗？ / 115

1

父亲的格局,决定孩子未来的方向

父亲具备大格局有多重要

"格局"一词近些年颇受人们重视。黑格尔曾说过,存在即合理。既然格局如此受人追捧,说明格局确实在人们的生活和工作中起到了十分重要的作用。

所谓格局,"格"就是人格,"局"就是眼界、胸怀。老话说"心眼小的人,天地大不了""多大的锅烙多大的饼",其实都是在说一个人要有大格局。格局展现了一个人的精神架构和胸襟气度,也反映出了一个人的内在精神。有大心量者,方能有大格局;有大格局者,方能成大气候。关于这一点,其实我们智慧的老祖宗在造字的时候就已经有了精妙的诠释:站在山上的人眼光看得长远，故为"仙"人；站在山谷里的人眼界格局有限，故为"俗"人。正所谓：有什么样的格局就有什么样的人生，格局决定结局。

作为家庭这艘轮船的掌舵者，父亲的格局对家庭的发展，尤其是对孩子今后的发展会产生非常重要的影响。有时候，父亲的举动看似是成人世界里的一个小聪明，却可能会毁了孩子的一生。

我在去黄山游玩的时候，有次坐车见到一位父亲带着孩子，买票时父亲只买了自己的票，售票员看孩子个头不小，已经超过1.3米了，便说孩子也需要买票。

这位父亲顿时不乐意了，说："我家孩子才6岁，怎么就得买票啊！谁家孩子这么点儿就买票啊！"

我们都知道，坐车需不需要买票跟身高有关，跟年龄无关。在售票员的坚持下，孩子去量身高，果然超过了免票规定。这下这位父亲无话可说，只好补了孩子的票。但上车坐到座位上以后，父亲却忽然转身照孩子脑袋打了一下，边打边说："不是跟你说过很多次了吗？上车时弯着点儿腰，非得充大个，这下白花钱了吧，你是不是傻啊……"孩子顿时就懵了。我想，这时候孩子心里应该十分迷茫吧，平日里给自己带来无数夸赞的身高，现在怎么就变成坏事了呢？

这位父亲也许并不知道，他一次次省下票钱，就是一次次地给孩子"上课"，让他学会如何投机取巧，如何占小便宜，如何不守规矩。并且，父亲当着全车人的面打骂孩子，也伤害了孩子的自尊。在这种父亲的教导下，孩子极有可能也会变成一个像他父亲这样的人，这不就是为了占一点儿小便宜而毁了孩子一生吗？

俞敏洪说过，斤斤计较的家庭走不出胸怀博大的孩子。父母是孩子的第一任老师，我们的言行举止无时无刻不在影响着孩子。

也许会有人说，贫穷的人受经济限制，眼光一般不会很长远，难道这样家庭出身的孩子就不能有大格局了吗？其实，格局大小，与金钱没有必然的联系。一个出身贫穷家庭的人、一个从小地方走出来的人，只要引导得当，也可以成为一个有着大格局的人。

我在随朋友去四川西昌采访的过程中，在一个山村中采访了一个贫困的家庭，父亲靠在建筑工地打零工补贴家用，女儿面临中考，父亲希望能够让孩子上一个好点儿的学校，将来能走出这个小山村。但孩子的中考分数却比重点高中录取分数线低了一分，而这一分之差就需要额外缴纳5000元的择校费。面对这笔巨额择校费，母女二人的心情都十分低落，发愁如何才能凑齐这笔钱。这时父亲带回来一个更坏的消息：他没工作了。但不同于母女二人的愁容满面，这位父亲脸上一直是挂着笑容，并安慰她们一定会有办法的。

此后，父亲每天去找工作，就算结果不如人意，也从来不会借此发脾气，甚至连愁眉苦脸的时候都很少，永远都是乐呵呵的。后来，在亲友的帮助下，父亲开始踩着家里唯一一辆三轮车拉货，最终攒齐了择校费。女儿深受感动，发奋读书，最终考上了名校，如父亲所愿走出了这个小山村，并且继承了父亲面对苦难时乐观豁达的心态，这样的格局使她一个小地方来的姑娘在大城市混得风生水起。

与这位小山村的姑娘相比，很多出身大城市的孩子都未必有她幸运，能拥有这样一位心胸豁达的父亲，给她的人生带来了深远影响。与这位父亲相比，那些经济条件不错，却常常因为孩子一时成绩不好、自己工作一时不顺心而对孩子动辄打骂的父亲们，难道不该反思一下：孩子不优秀，自己真的没有责任吗？

意大利著名导演罗伯托·贝尼尼的经典之作《美丽人生》，豆瓣网评分高达 9.5 分。这部影片就充分展现了一个父亲的格局和担当。

《美丽人生》讲述了一位善良乐观的犹太人爱上了一位美丽

的意大利教师，两人携手克服了国籍和阶级的重重困难走到一起，并有了一个儿子。但是幸福的日子总是短暂的，二战爆发，父子二人因为是犹太人而被送到了集中营，母亲不忍与丈夫和儿子分别，毅然跟随他们一起前往集中营。我们都知道，进入集中营，每天都要到死神那里报到，随时可能被死神选中带走。

为了安抚儿子，父亲向儿子撒了一个美丽的谎言。父亲告诉儿子，他们在玩一个游戏，只有最勇敢的孩子才能胜出。这个游戏的规则是：无论自己有多饿，都不能哭闹，并且每天要藏起来，不让别人发现。最先获得1000积分的人就可以兑换一个真正的坦克作为奖品。天真好奇的儿子信以为真，并在这个游戏中玩得乐此不疲。

最终，父亲为了找妻子，惨死枪下。但儿子却因为听话地藏了起来而被美国士兵救下，与母亲团聚。直到最后，孩子还开心地以为他赢了这场游戏。

这位父亲用自己的乐观、坚强和智慧，保住了孩子的性命，也在孩子心里竖立了一座最亮的灯塔，指引着孩子未来的方向。

"欲为大树，莫与草争"，拥有这样的格局，即便眼下贫困，处于逆境又有何惧？父亲有这样的格局，可以为妻子提供遇事不乱的定力支持，可以为孩子提供勇往直前的动力支持，这个家庭的未来就一定会兴旺发达，这个孩子的未来也将前途无量。

父亲的格局，影响孩子的一生

父亲在孩子一生的成长中，起到了十分重要的作用。所谓"有其父必有其子"，在每个孩子的身上都可以找到其父的影子。父亲的格局，也会直接影响孩子的一生。

著名教育家叶圣陶曾说过："九如巷张家的四个才女，谁娶了她们都会幸福一辈子。"这个"九如巷张家"，就是民国世家张武龄家。在当时，除了"宋氏三姐妹"，在文化界最有名的才女姐妹就是"合肥四姐妹"——张武龄的四个女儿。

张武龄有四女六子，四个女儿分别是：张元和（小生名角顾传玠之妻）、张允和（著名语言文学家周有光之妻）、张兆和

（著名作家沈从文之妻）、张充和（著名汉学家傅汉思之妻），六个儿子分别是：张宗和、张寅和、张定和、张宇和、张寰和、张宁和，也都是出类拔萃、学贯中西之人。

张武龄不是一个有着封建传统思想的人。他对待儿女一视同仁，不会因为是女孩就给孩子起一些含花带草的妩媚名字，且四个女儿的名字中都有两条修长的"腿"，这是因为张武龄希望她们可以迈出闺门，走向更远的地方。而六个儿子的名字中，都有一个宝盖头，这是他对儿子的殷殷期望，希望他们不管走多远，都记得自己的家。

从给孩子起名字就可以看出，张武龄希望自己的儿子心中都要有家，希望自己的女儿内心都要广大。身处那个年代，张武龄竟有如此高的境界和如此大的格局，难怪十个子女最终都能出人头地，四个女婿也都是人中龙凤、各自不凡，成就了中国近代史的一段佳话。

张家子女个个优秀，与张武龄的家教和自身的修养格局有着密不可分的关系。张武龄的祖父张树声是李鸿章的左膀右臂、淮军的第二号人物；父亲张华奎是进士出身，是清朝政坛风云人物；母亲是大家闺秀、昆曲研究家陆英。作为名门望族出身的世家子弟，张武龄没有一点儿纨绔子弟的样子，烟酒不沾不说，还酷爱读书，从小嗜书如命，热衷于公益办学，是当时十分开明的教育家。而在教育子女上，他更是以开明的家风而备受子女的敬爱。

在张家，儿女都酷爱读书和昆曲，这就是因为受到了父亲张武龄的影响。张武龄自幼继承了祖父和父亲的教诲，"爱国、爱家、爱读书"。张武龄小时候就常常带着随从去书店买书，张家的藏书在苏州是出了名的丰富。

张家有个大书房，藏书十分丰富，有数以千计的古籍书卷和不计其数的古文雕版，张武龄和妻子常常在书房读书，潜移默化中十个子女也都养成了爱读书的习惯。张武龄从来不限制孩子们的读书范围，家中所有的藏书都随孩子们自由翻阅，若有不懂之处向其求教，张武龄总是不厌其烦地耐心讲解，观点不一致时还会召集大家坐在一起讨论。在这样的教育环境下，不但孩子们饱读诗书，就连家中的保姆用人也以学写字、读小说为乐。相传，张兆和嫁给沈从文后，一个在张家照顾孩子的保姆去看望她，顺便把沈家书房里巴金和茅盾的书都看了，临走时还留下了"不过如此"的评语。张家重视读书的家风，由此可见一斑。

不仅读书，学习昆曲也是一样。张家自曾祖父张树声开始，就很喜爱昆曲，张武龄也十分喜爱这种古老戏曲，常常醉心于此。苏州是昆曲的发源地，有很多名角名家，张武龄常常带着一家老小一起看戏。在父亲的影响下，张家的十个子女也与昆坛结缘，尤其是张家四姐妹，更是在昆曲这个古老艺术的潜移默化中修炼出了高贵不俗的气质，个个风华绝代，温婉秀丽，被世人称为"合肥四姐妹"。

杨绛说:"好的教育不是被动受教、受到管教,而是启发学习的兴趣和自觉,在不知不觉中受教。"张武龄正是给孩子们创造了一个开放式的教育环境,用自己的格局和修养不动声色地影响着每个子女,并且这种影响会跟随子女一生,甚至是下一代。他没有强势介入子女的学习,也没有强制子女做事,但子女却个个都按照他所希望的那样,成为社会的杰出人才。

尽管因为张武龄倾其所有开办公益学堂,没有给孩子们留下太多遗产,但他开阔的眼界、高雅的志趣是留给孩子们最大的财富。

不为名利所累,不为世俗眼光所动,不问值不值得,只是跟随自己的本心,去做让自己内心充实的事情,做有价值的事情,不忘初心。有父如此,孩子想不优秀都难!

父亲的格局,决定孩子的格局

有三颗石榴种子,分别被栽种到花盆、水缸和庭院空地里,在其他条件相同的环境下,花盆里的石榴树最多长半米多高,水缸里的石榴树可以长到一米多高,而空地里的石榴树则可以长到四五米高。

同样的种子,同样的条件,不一样的结果。孩子的成长,与石榴的生长是一样的。父亲的格局如同石榴的栽种环境,将决定孩子最初的人生格局,也会决定孩子最终能走多远。

王阳明是明代著名的思想家、文学家、哲学家和军事家,

"陆王心学"之集大成者，精通儒家、道家、佛家学说，可谓博古通今，学识渊博。但王阳明小时候并不喜欢读书，反而是喜欢舞枪弄棒。其好友湛甘泉曾说，王阳明在青少年时期有"五溺"，即"初溺于任侠之习，再溺于骑射之习，三溺于辞章之习，四溺于神仙之习，五溺于佛氏之习"。

喜欢舞刀弄棒，不喜欢读书，这些行径，在当时的人看来，是十分不务正业的。王阳明之父王华是明代的状元，曾做过两代帝师，对于儿子如此不知上进的状态并没有过于苛责。王阳明成年后的仕途也不是十分顺利，甚至在大太监刘瑾专权时，因为上书直斥刘瑾奸恶而被发配到贵州。

发配之途需经过南京，而此时的王华正好在南京做官。王阳明本因愧疚不想去见父亲，但恰值中秋佳节，不得不去。当王阳明回到家中，看到白发苍苍的老父，不禁又是愧疚又是难过。本以为父亲会呵斥他一通，但父亲只是连声说："回来就好，回来就好。"对于王阳明被罢官发配之事，王华也只是宽慰他："你是为了斥责权奸才这样做，你没错，你做得对。"

为了宽慰王阳明，王华还特意聘请南京一位有名的杂技演员在家宴上表演戴头盔翻跟头。这是个难度很大的动作，王阳明惊叹不已。表演结束后，王阳明问演员："你是如何做到的？"

演员笑笑，答道："其实也不难。我在翻跟头的时候，脚跟站定，牙齿咬紧，这样太阳穴就会膨胀起来，头盔就牢牢地戴在头上,翻跟头的时候也不会掉下来。"

王阳明这才明白父亲的深意,父亲这是希望通过杂技来告诉自己一个道理:立定脚跟做事,咬紧牙关做人。正是在父亲这种大格局的影响下,才有了后来王阳明的"龙场悟道"。

十年树木,百年树人。作为父亲,在教育孩子时切不可目光短浅、急功近利。只有拥有大格局,把目光放长远,才能真正起到教育作用。每个孩子都有自己的兴趣爱好,梦想各不相同。在孩子的人生中,父亲应当起到一个引导者的角色,要用开放性的视野来看孩子,而不要为孩子设计、包办人生。

梁朝时任中书令的徐勉,一生身居高位,却从不经营任何家产,也没有打算给后人置办任何产业。有人劝他为子孙着想,他却如此回答:"别人给子孙留下财产,我给子孙留下清白。子孙如有德能,他们自会创家业;如果他们不成材,即使我留下财产也没用。"

说得多好,财产家业都是身外之物,而清白的名声和超凡的格局则可以跟随子孙一生,这样的财富远比留下万贯家财更有价值。与其留下财产让子孙好逸恶劳,还不如给子孙留下奋斗发展的空间。这一点,一千多年前的古人都能想明白,在文明高度发达的今天,却依然有很多人想不明白。有多少父亲在外奔波,辛辛苦苦地打拼挣钱,想要为孩子提供更优渥的物质条件,却忘记了教育的本真并非是物质,而是精神。这也是我们需要向古人学习的地方。

父亲的言行决定了孩子的性格

孩子是父亲的影子,父亲的一言一行,都会被孩子模仿。每个孩子在小时候都会把自己的父亲当作偶像,会下意识地模仿父亲的言行举止。所以,父亲是孩子最好的老师,父亲的言行也决定了孩子的性格。

一次去朋友家玩,看到朋友的儿子彬彬在沙发上哭,朋友也是一脸怒气未消。问及原因,原来是朋友出差回来,因为忘记给儿子带他想要的那套玩具,儿子就十分生气,并大声斥责他,他一时火气上来,也生气地责骂了孩子。后来,我带彬彬回他自己的房间,问他为什么用那样的态度对待爸爸。彬彬抽抽噎噎地告诉我:"上次爷爷奶奶买菜忘记买鱼回来,爸爸也是用这样的态度对待爷爷奶奶的啊!"我将彬彬的话转给朋友听,朋友不禁一愣,无话可说。

为人父母,你的一言一行都被孩子看在眼里,记在心里。你孝顺父母,你的孩子以后也会孝顺你;你对家庭负责,你的孩子以后也会爱家顾家;你遇事冷静沉着,你的孩子也会形成稳重从容的性格;你脾气暴躁,你的孩子也会变成一个脾气暴躁的人。你就是孩子的表率,你的言行决定了孩子今后的性格发展。

有研究表明,一个孩子快乐性格的形成过程中,父亲对孩子的影响更甚于母亲。康涅狄格大学人际关系专家罗纳德·罗纳在研究"拒绝和接受"这个课题时,也指出了父亲对孩子性格形成的影响十分深远。

"50年中,我们的调查遍及除南极洲以外的世界各洲,我们发现没有哪个因素比来自父母,特别是父亲的拒绝更能强烈持久地影响孩子的童年生活。"罗纳在公布研究结果时这样说。

为了调查父母对孩子的接受和拒绝会怎样影响孩子发展和性格,罗纳及其研究人员调查了18个国家的10000名志愿者。其中,1400名成年人,年龄为18~89岁;8600名孩子,年龄为9~18岁。调查内容围绕7种人格特征展开,共有36项。该研究结果发表在《人格与社会心理学评论》杂志上，发表后引起了学术界的热议。

这7种人格特征包括攻击性、独立性、自尊心、积极的自我充实感、情绪反应、情绪稳定能力、积极的世界观。调查采用自我报告调查问卷的方式，志愿者均被问及在他们的童年时期，父母对他们的拒绝和接受程度，以及他们自己的性格特征和性格倾向。

研究结果表明，这7种人格特征和自我感觉与被父母接受和拒绝的经历有十分密切的关系。也就是说，对孩子来说，真正重要的是能被自己的父母接受。其中，父母的拒绝会使孩子出现明显的个人问题，而接受则并不能带来特定的好处。罗纳认为，这是因为人类对消极事件的反应更为强烈，父母的拒绝会给孩子带来消极的感受，从而使其容易产生敌对、自尊心受伤等消极情绪，进而影响到其性格的形成。

罗纳还认为，在对孩子的人格特征影响上，父亲要比母亲有更大的影响力。这是因为儿童会更关注家庭权力等级，而父亲常常拥有较大的权力，所以其影响力会更大。

对此，罗纳解释说，当儿童感知父亲在家庭中拥有更大的权力时，即便父亲不经常与孩子待在一起，他也会对孩子造成更大的影响。因为他的言行在孩子的眼中要比母亲的更为明显。虽然母亲与孩子在一起的时间要远远多于父亲，但父亲对孩子的人格特征、情绪、性情的影响却比母亲更大。

　　人们经常会将孩子不好的性格特征和行为归咎于母亲，甚至到了中年还是如此。这是因为人们过于重视母亲对孩子的影响，而忽视了父亲在孩子性格形成中起到的更大的影响作用。因此，作为父亲，应当也加入关爱孩子的行列中，对孩子性格的形成负责。

父亲做家务的态度影响孩子的职业选择

如今,女性在职场上占据的比重越来越大,这也使得社会上有很多声音鼓励父亲回归家庭。尽管如此,"男主外女主内"的刻板思想依然根深蒂固。现在依然有很多男性认为,家务这种事就是应该由女性承担。但他们不知道的是,父亲做家务的态度,将会影响孩子的职业选择,尤其是对女儿的择业影响更大。

哥伦比亚大学曾经做过一项实验,调查了 326 名 7~10 岁的孩子和他们的父母,并分析家务分配情况对孩子以后职业选择的影响。

结果显示,如果父亲在家中和母亲一样承担家务,女儿在择业时轻易不会受到性别束缚，更有勇气选择 CEO（首席执行官）、军官等传统男性职业；而如果父亲在家中不做家务或很少做家务，女儿在择业时更倾向于选择教师、护士，甚至是家庭主妇等传统女性职业。这是因为父亲不做家务，会让女儿形成一种男女不平等的潜意识，从而将自己的地位和角色侧重于家庭，而不敢挑战传统男性职业。

在这个时代，我们花了很大的力气想去营造性别平等的环境，但女性在职场中依然遇到了很大的阻力，重要的领导和管理岗位中，女性的身影依然很少。哥伦比亚大学的这个调查结果非常有意思，可能很少有人会想到，男女平等思想观念的普及，竟然与父亲的家务量有关。

所以，父亲们不要再以为做家务和自己无关，也不要认为自己只要事业有成，就能给孩子传递成功的正能量。殊不知，在你口口声声说自己尊重女性，支持男女平等，并鼓励女儿去挑战更高的职位时，你端坐在沙发上看妻子处理家务的姿态就已经让女儿失去择业的信心。

2016 年，比尔·盖茨夫妇在公开讨论父母应该在家庭中承担什么角色这一问题时，盖茨夫人根据一组调查数据表示，母亲们在家庭中承担的责任实在太多了，必须要给予男性和女性同样的选择权利，让所有人决定自己想做什么。盖茨也积极响应妻子的这一号召，并身体力行，与妻子约定每周花两天时间去接送孩子上学。学校里其他的母亲们看见后,纷纷向自己的丈夫抱怨:"连比尔·盖茨都有时间接送孩子,你能比比尔·盖茨还忙吗?"

你看,只要有一位父亲愿意承担家庭责任,就会带动身边其他人。当越来越多的父亲开始承担更多的家庭责任时,整个社会的观念也就会慢慢改变。当社会观念改变,孩子们在择业时也就不会顾虑太多的性别问题,男孩可以选择做保姆、护士而不必受歧视,女生也可以选择机械师、飞行员等行业。

每个孩子心目中的英雄都是爸爸

美国惊悚冒险电影《毁灭之路》是全球十大父子电影之一，这部电影给我最大的启发就是"每一位父亲都是孩子心目中的英雄"。

没错，父亲是孩子出生后接触最多的男性，无论是男孩还是女孩，在小时候，都会将自己的父亲当作心目中的英雄或偶像。男孩会模仿父亲的言行，女孩会崇拜父亲的言行，这种影响可能会一直持续到孩子长大，甚至会影响其一生。

曾国藩在处理外交事务——"天津教案"时，受时局等因素的限制,处理得不够稳妥,给自己招来了无数骂名,名声跌落谷底。曾国藩也由此认识到外交的重要性,并常常以此来告诫儿子曾纪泽要将眼光放长远,要开眼看世界。

曾纪泽谨遵父亲教诲,努力学习外语,决心要在父亲跌倒的地方爬起来。后来,曾纪泽果然成为一名出色的外交家,在新疆的领土争端中发挥自己的外交才华,捍卫了国家的利益。

曾纪泽之所以在而立之年还能谨遵父亲教诲,听从父亲劝诫,都源于孩童时期对父亲的崇拜和敬佩,他从小就以父亲为榜样,无论是读书学习、为人处世,还是做官做事,都一直在向父亲学习。我们都知道,曾国藩的家教十分成功,其弟弟、子侄乃至后代子孙都颇有成就,其教育思想到今天也依然具有借鉴和启迪意义。而这一切,与曾国藩的格局和为人有不可分割的关系。

一个好父亲,不一定要像母亲一样对孩子事无巨细地体贴照顾,但一定要在格局上为孩子做好榜样,以身作则,为孩子指引立志方向,这将决定孩子未来所能达到的上限。

有人说,孩子的智慧来自母亲,孩子的毅力来自父亲。父亲对孩子自信、勇敢、坚毅等优秀品质的形成有很大影响,尤其是对男孩来说影响更为深远。

陈森是一名健身教练，也是8岁男孩乐乐的父亲。他一直希望儿子能成长为真正的男子汉，常常教育儿子"男儿当自强"。因此，乐乐虽然才8岁，但勇气、胆识都可圈可点，是我们朋友圈里的"别人家的孩子"。

在乐乐刚刚6岁的时候，陈森就带着他和我们一起参加蹦极。上到台上，六十多米高，我站上去都有点儿眩晕，要不是有乐乐这个孩子在后面看着我，我可能真的要临阵脱逃了。当陈森抱着乐乐准备下去的时候，乐乐不但没有惧色，小脸反而充满期待，跳下去后弹了几弹，乐乐越发觉得蹦极好玩。回去的路上还在央求陈森下次再带他去。我们事后谈起这件事，都说陈森太狠了，孩子那么小也敢带他做这么惊险刺激的活动。陈森听了只是淡淡一笑："男孩子嘛，不能那么娇气，经历过这些，再遇到些什么困难他就不会那么容易放弃了。"

陈森说，有次带乐乐去攀岩，他是当时年纪最小的，有教练陪在他身边。在爬到一大半的时候，乐乐趴在岩石上向他求救："爸爸，我没力气了，你救救我……"陈森回答道："爸爸也快没力气了，我也想求救。你看别人也在坚持，我们再坚持一下好不好，马上就上去了。"后来，两人一起爬到了终点。

有父如此，乐乐以后想必定会是个优秀的男子汉。可不嘛，在别的孩子还在家里刷动画片、玩iPad（平板电脑）的时候，陈森已经带着乐乐去攀岩、爬山、露营、旅行……我想，陈森也许给不了乐乐很优渥的生活条件，但他却给了乐乐更有价值的财富。他鼓励孩子做自己，培养孩子的自信心；在遇到困难时引导孩子克服困难，培养孩子解决问题的能力；在孩子快要放弃时帮他想起自己设定的目标，培养孩子坚毅的品质。在他陪着孩子经历每个成长过程的时候，他既是孩子心中的英雄，也是孩子学习的榜样。

有趣的父亲很有必要

"严父慈母"似乎是传统家庭里最常见的角色定位,也因为生活的压力,很多父亲在家庭里都缺乏幽默感,常常不苟言笑,殊不知,这样会给孩子的性格和心理造成不好的影响。

事实上,一个好父亲,一定是一个有趣的父亲。因为有趣,才能保持一颗童心和些许孩子气,才能发现琐碎生活中的美好,才能有一个乐观豁达的心胸,才能用顽童的赤子之心和孩子处成朋友。在这样的环境下长大的孩子,创造力、想象力都很丰富,格局心胸也非一般人能比。而且,历史上有很多这样有趣而优秀的父亲。

唐宋八大家，苏氏一门占其三，苏洵、苏轼、苏辙父子三人均是文学大家。但相传苏轼和苏辙小时候并不是很爱学习，反而是十分调皮，喜欢玩乐，不爱读书。但父亲苏洵没有因此责骂他们，也不用父亲的威严强压他们去学习。而是在孩子们玩耍打闹的时候，故意躲在一个他们能发现的角落里看书，并且聚精会神，满面笑容，时不时还会笑出声来。发现孩子们往自己这边看时，又会忍住笑，故作正经地看书。

一来二去，孩子们的好奇心驱使他们围到苏洵旁边。苏洵见此，假装慌忙地把书藏起来。孩子们就更好奇了，非要缠着父亲看他到底藏了什么。苏洵如果不给他们看，他们就会趁父亲不在家的时候，偷偷拿出来看。

渐渐地，孩子们都把看书当作一种乐趣，养成了良好的读书习惯。在苏洵这种颇具童心的教育方式下，不仅苏轼、苏辙均为人中翘楚，就连他的小女儿苏小妹也是当世才女，楚楚不凡。

试想，如果苏洵像其他很多父亲那样严厉地要求孩子读书，也许我们就无缘读到"三苏"的锦绣文章和优美诗词了。教导孩子时，严厉不如有趣，严父不如朋友。用孩子的心态和孩子交流，用童趣的方式引导孩子，不但可以使父子的关系更加融洽，也能更有效地达到教育目的。

台湾诗人余光中的父亲也是一位有趣的父亲,余光中曾回忆说:"长夏的蝉声里,倒是有好几次父子俩坐在一起看书,他靠在躺椅上看《纲鉴易知录》,我坐在小竹凳上看《三国演义》。冬夜的桐油灯下,他更多次为我启蒙,苦口婆心引领我进入古文的世界,点醒了我的汉魄唐魂。张良啦,魏徵啦,太史公啦,城里人韩愈啦,都是他介绍我初识的。"

父亲读书自得其乐,也带动了孩子读书的劲头。不需要多费口舌,只需要用有趣的方法引导孩子,就可以在孩子的心里种下精神食粮的种子。除了读书,一个有趣的父亲更能丰富孩子的童年,更能带给孩子良好的心态。

著名作家汪曾祺就十分幸运地拥有一个有趣、开明的父亲。据汪曾祺讲,他的父亲经常说:"多年的父子成兄弟。"汪曾祺十几岁开始就抽烟、谈恋爱,他的父亲知道后不但没有责怪他,反而会在自己抽烟时也给汪曾祺一根,在汪曾祺绞尽脑汁写情书的时候在一旁瞎出主意。汪曾祺就是在父亲的熏陶下,变成了一个幽默、通达的人。他说:"我觉得一个现代化的、充满人情味的家庭,首先必须做到'没大没小'。父母叫人敬畏,儿女'笔管条直',最没有意思。"

钱钟书也是一位有趣的父亲。在他女儿钱瑗小时候，他常常在女儿睡着后，用墨笔在她的脸上画胡子，在她的肚皮上画鬼脸，待女儿醒来后看着她哈哈大笑。一脸惺忪的女儿常常被父亲的笑声弄得莫名其妙。不仅如此，钱钟书还喜欢给女儿起绰号，喜欢在女儿的被窝里藏一些玩具、书本之类的东西当作地雷，然后再看着女儿乐此不疲地"扫雷"。这些童年趣事让钱瑗在风雨飘摇的乱世度过了无忧无虑的欢乐童年，何其有幸。

做父亲，实在不必正襟危坐，每天绷着一张脸。幽默些、有趣些、通达些，我想，没有哪个孩子会不喜欢这样的父亲吧。

父亲的样子决定了女儿是否会遇到"渣男"

如果说父亲对男孩的最大影响是性格品质方面,那么父亲对女孩最大的影响就是择偶方面。有数据统计显示,超过65%的女孩在择偶时会以父亲的外貌、脾气和性格来挑选伴侣。即便是一些对父亲不是很认同的女孩,最终嫁给一个与父亲秉性相似的男人的概率也是非常大的。

小燕与丈夫刚刚结婚三年,她觉得丈夫和自己的父亲越来越像。结婚前,丈夫对自己还是嘘寒问暖,不抽烟不喝酒,脾气也很好。但是结婚后他抽烟喝酒都越来越严重,还经常发脾气,不顾家，没有责任心。这让小燕觉得很是不可思议。她小时候经常看父母吵架，父亲常常酗酒回家后大发脾气，闹得一家人不得安宁。从小她就暗暗下决心：自己绝对不会找这样的男人！但如命运捉弄一般，她最终选择的男人，竟然会是父亲这个样子。

无独有偶，有网友也曾经遇到这样的情况。她的父亲在家里从来不做家务，只会指使母亲干活，还常常在打牌喝酒后打骂母亲。她长大后，一心想找一个与父亲完全不一样的人，想找一个疼她哄她的人。她遇到一个男人，在这个男人给了她一点点温暖后便义无反顾地嫁给他。然而这个男人最终竟然与父亲出奇相似，她觉得自己可能逃不出这样的家庭环境了。

对此，心理学家分析说，这是因为女孩儿时与父亲相处的模式，就是她和男人最常用的相处模式，那么她所吸引的男人也基本上都是同类男人。还有心理学家认为，如果一个女孩认同喜爱自己的父亲，那么她父亲的样子就是她今后爱人的样子；如果一个女孩不认同不喜欢父亲，那么即使她找了一个与父亲完全不一样的男人，她也会在无形中把这个男人变成父亲的样子。

为什么这样说？

心理学上认为，"不认同"其实也是认同的一种。"不认同"并不等于"不关注"，它与"认同"一样，都会表示出一种高度关注，会深深印刻在核心记忆里。也就说，当女孩将"一定不会找与父亲一样的男人"作为择偶标准时,她所参考的对象依然是父亲,只不过是"与父亲不一样的男人"罢了。当她如愿以偿找到了"与父亲不一样的男人"后,这种"不认同"依然影响着她,最终她会发现,自己的配偶和自己的父亲竟然出奇地相似。这种现象在心理学上可以用"投射性认同"的概念去解释。

投射性认同是发生在两个人之间的独特现象,尤其是经常发生在亲子关系或夫妻关系等关系亲密的两个人之间。比如,父亲常常对孩子说:"你怎么那么粗心呢!"这就是父亲对孩子的一种诱导。实际上,也许这位父亲自己就是一个粗心大意的人,或者是他对"粗心"不能容忍,所以才更加关注"粗心"而忽视了其他的东西。当他反复和孩子强调"粗心"时,孩子反而更容易在这种诱导下真的变成粗心的人。

同理,如果一个女儿对自己不负责任的父亲十分痛恨时,她会十分希望自己能找到一个负责任的丈夫。但是,因为在自己生命最早的二十多年间所接触到的第一位男性就是一个不负责任的男人,这种"男人不负责任"的印象已经深深刻在她的记忆里,所以在她的潜意识里,其实对负责任的丈夫并不是十分信任,但凡丈夫有一点点小问题或小毛病,她都会敏感地捕捉到,并开始猜测和怀疑丈夫,指责他是不想对家庭负责任了。时间一久,这种猜测和怀疑就会被放大。而她的敏感多疑和对丈夫的指责,也会让丈夫不胜反感,甚至会真的做出不负责的行为来"配合"妻子。所以，最终，父亲的样子还是决定了她丈夫的样子。

这个逻辑是不是让人觉得很不可思议？但事实上，现实就是如此。在意识层面，我们会做出自己想要的决定；而在潜意识层面，我们却会不知不觉地做出一些行为，得到一些不想要的结果。

荣格说过，你的潜意识会指示你的人生，而你称其为命运。

作为父亲，你的样子，就是女儿未来老公的样子，这是很多女人都逃脱不了的"命运"。所以，一个父亲能为女儿做的最好的事，不是帮她挣多少嫁妆，而是好好地爱妻子，对家庭负责。一个男人，一生最骄傲的事，不是做了多成功的事业，而是他的女儿未来想嫁给一个像他一样的男人。

可以说，父亲对女儿婚姻的影响是根深蒂固的，父亲是否对家庭负责任，父亲是否爱母亲，父母朝夕相处的方式和彼此的态度，就是女儿在婚姻方面学到的第一堂课。

II

母亲的情绪,决定孩子未来的情商

孩子与母亲的关系模式影响孩子一生

母亲是孩子来到世上后最亲近的人,从十月怀胎到一朝分娩,孩子与母亲已经十分熟悉了。有人形象地说:"母亲是从知道自己怀孕那一刻就认为自己做了妈妈,而父亲则是在孩子生下来那一刻才认为自己做了爸爸。"可见,相较于父亲,孩子与母亲的关系更为亲密,毕竟他是认识了母亲十个月后才认识的父亲。

当然,这是戏言,但并非全无道理。临床心理学家斯蒂芬·B. 保尔特指出,一个人在出生后,会与最初抚养他的人建立情感纽带,而这种情感纽带也会成为他一生情绪发展、沟通模式和人格发展的基础。

没有什么人比母亲和自己的关系对我们未来生活的影响更大，当然，这里指的母亲，是角色上的"母亲"，就是指直接抚养孩子的那个人。如果一个孩子一出生就失去了生母，那么直接抚养他的那个人，就是他的"母亲"。

虽然我们大多数人对 3 岁之前的事情都没有太多记忆，但其实在那个时候，我们已经有了"自我"的概念，并且 3 岁前的经历会对我们今后的感觉和行为产生深远的影响。如果一个人 3 岁前的"自我"遭到了损害，那么他今后的情绪发展都会出现很多问题。

而一个人 3 岁前的经历，往往和母亲关系密切。

英国精神病学家约翰·鲍比提出了"依恋关系理论"，他认为，从一个人孩童时期与母亲形成的依恋关系模式，可以预测出这个人长大后的关系模式。一般婴儿与母亲可以形成三种依恋关系模式，分别为安全型、回避型和焦虑型。

其中，与母亲形成回避型依恋关系的孩子，无论母亲是否在自己身边，他都觉得无所谓，也不想和母亲太亲近。而与母亲形成焦虑型依恋关系的孩子，当母亲陪伴他们时，他们就很正常；当母亲离开后就会表现得十分痛苦；而当母亲再回来时，他们就会对母亲发脾气；一旦母亲再有想要离开的意思，他们就会大哭大闹不让母亲离开。这种类型的孩子不会自己玩耍，他们的焦点全在母亲身上。

回避型和焦虑型都不能算得上是最佳的母子依恋关系模式，这样的孩子在长大后要么很难和别人建立亲密关系，要么会对亲密关系表现得患得患失，都无法很好地与别人相处。

而与母亲形成安全型依恋关系的孩子则会在长大后与人相处得十分愉快，不会对一段关系表现出冷漠、焦虑或依赖。因为他在婴孩时期就能够对母亲的陪伴和离开表现出正常的反应。即有母亲陪伴时会很开心，也会有勇气探索周围的未知事物，因为他知道母亲就在旁边，会保护自己；当母亲离开时，他也会痛苦，但母亲回来安抚后，他又会恢复正常，继续开心地玩耍，而不是像焦虑型孩子一样黏着母亲。

很显然，与母亲形成安全型依恋关系更有利于孩子性格和情绪的发展。那么，如何才能建立这种安全型依恋关系呢？答案是要与孩子多互动。要及时回应孩子的需求，这里指的需求不单单是指生理需求，还包括孩子的情感需求。如果孩子想要得到关注，母亲一定要给孩子足够的关注；如果孩子想要独处，母亲也要在保证安全的前提下给孩子独处的空间。

如果母亲总是漠视孩子的需求，孩子会逐渐失去安全感，会失去爱的能力，认为自己只能靠自己活着，这就是回避型的依恋关系。如果母亲总是以自我为中心，对于孩子求关注的需求，想回应就回应，不想回应就无视；对于孩子想独处的需求，想给予就给予，不想给予就强行剥夺孩子独处的空间，这样会让孩子觉得自己不知道应该如何与人相处才能获得关注,也不知道自己什么时候能有独处空间,这就容易形成焦虑性依恋关系。

可以说,孩子与母亲的关系模式将会影响孩子的一生。作为一个母亲,如果你还依然认为"孩子小,什么都不懂",那你可就大错特错了。

母亲的情绪对孩子的影响有多严重?

情绪,是对一系列主观认知经验的通称,是多种感觉、思想和行为综合产生的心理和生理状态。情绪一般分为两种,一种是反射性的情绪,另一种是思考后的情绪。前者与压力有关,而后者需要经过一定的时间,在经过理性思考后形成。

我们常说的"情商",就是指情绪商数,而不是情感商数。一个高情商的人,一定是一个可以控制自己情绪的人。

加利福尼亚大学洛杉矶分校精神病学和生物行为学院的教授斯霍勒博士,在鲍比的"依恋关系理论"的基础上,指出了婴儿的情绪管理也与母亲的依恋关系模式有很大的关系,而母亲的情绪更是对孩子的情绪管理模式有着深刻的影响。

斯霍勒博士说，孩子在出生后，就有了情绪机制的基础，但他这时候还不会管理自己的情绪，需要有人去引导。而这个人是与孩子亲密接触较多的人，一般都是母亲。

在六个月大之前，孩子虽然出生，脱离了母体，但对婴儿来讲，他依然觉得自己还和母亲是一体的，这个时候，母亲的情绪对孩子的影响很大。而孩子也会将自己的内在节律传达给母亲，这种互相匹配的状态会让母子产生一种情绪上的共鸣。孩子也正是通过这样一次次的共鸣，参考母亲对自己情绪的管理办法，从而形成自己的情绪管理模式。比如，当孩子哭泣时，母亲会去安抚他，这样的事情发生很多次后，孩子会自己停止哭泣，这个时候，他就已经形成了对哭泣这种情绪的自我管理模式，此时，母亲的形象已经被孩子内化到自己身上，在此之后，他就不会太过于依赖母亲，就算是独处也会感到爱和安全。当孩子完全可以对情绪进行自我管理后，他的"自我"意识也就形成了。

可以认为，孩子的情绪管理模式正是母亲情绪的复制。尤其是在孩子出生后的两年里，母亲和孩子之间的互动、交流和情感的连接，也是在为孩子塑造大脑的神经连接。这一时期，大脑神经元会成倍增加，并且会形成能够影响孩子未来各种能力的基础结构。

在孩子生命之初，母亲与孩子之间的情绪互动，是孩子今后情绪管理模式的基础。如果孩子有情绪的时候，母亲不给予回应的话，就会对孩子今后的情绪管理和性格产生影响。比如，孩子感觉不舒服，希望有人能够安抚他，但母亲却并没有给予回应，这就会让孩子产生恐惧的感觉，并且这种感觉会持续蔓延增大，他会感到痛苦，并且极有可能演变成发展性创伤的根源。再比如，母亲本身比较情绪化，容易焦虑，或待人冷漠，就会对孩子也忽冷忽热，这容易让孩子失去安全感，也学不会应该如何管理自己的情绪。

"气象台母亲"对孩子性格的影响

有人将容易情绪化的母亲形象地称为"气象台母亲",表示她的情绪很不稳定,像天气一样多变。"气象台母亲"对孩子的性格和心理影响都具有很大的破坏性。这是因为"气象台母亲"在面对情感起伏时无法进行有效的自我调节,这会直接导致孩子的情感调节失衡。因为在孩子的心智成熟之前,孩子的情感其实是由母亲来调节的。

当孩子得到一个喜欢的玩具时,会心跳加速,手脚颤抖,十分高兴,这种体验是一种"兴奋性的体验";而当孩子最喜欢的玩具摔坏时,他的心脏和四肢会变得软弱无力,满心酸楚,十分难过，这种体验是一种"挫折性体验"。

面对孩子的这两种体验，母亲可以在孩子兴奋时微笑看着他或者拍拍他，在孩子难过时温柔地看着他或者抱抱他，让他恢复冷静。在帮助孩子调节情感的过程中，孩子会逐渐将母亲的这种情绪管理方式内化，慢慢地学会思考，并在心智成熟的过程中，逐渐理解兴奋和挫折背后的意义，从而学会掌控自己的情绪，形成"自我"的心理思考空间。

相反，如果母亲自己就是一个很情绪化的人，在孩子兴奋时自己也表现得很兴奋，在孩子抓狂时自己也表现得很抓狂，在孩子生气时自己也表现得很生气，那么孩子的这种情绪和感受就不会持续，反而会突然停止，就像动画片还没看完，突然停电了一样，会给孩子的内心造成巨大的失落感和空虚感。经常有这种经历的孩子，长大后非常容易做出反应过激的行为，会因为小事而暴怒。而造成这一切的根源，正是情绪不稳定的母亲和他的童年经历。

另外，"气象台母亲"会左右孩子的情绪，让孩子对情感的把握飘忽不定，容易患得患失，情绪失控。

陈琳是一名成年女性，她表示自己正面临着很严重的情感困扰。在谈恋爱期间，她觉得自己的感情好像总是很极端化。当自己和男友感情很好时，她会觉得一切都是那么美好；而当自己和男友感情出现问题时,她又会觉得世界灰暗,简直无法活下去。这种情绪的起伏之大,让她不胜困扰。当心理咨询师问及她的童年时,她回忆起了一件小事。

当时陈琳才刚刚五六岁,母亲就请了老师来教她学习钢琴。在学琴的第一天,母亲一下班就很热切地问陈琳:"宝贝,今天学了什么呀?快弹给妈妈听听。"陈琳用不熟练的手法笨拙地弹出几个音符,母亲立刻鼓起掌来:"宝贝真棒,弹得真好听啊!"陈琳当时很不好意思,但母亲的热情鼓励让她觉得十分兴奋,她得到了母亲的肯定,感受到了母亲的爱。

这样过了几天后,有天母亲下班回来,她不等母亲提出,就主动坐在钢琴前想要给母亲弹奏曲子,然而这次她刚刚弹了几个音符,母亲就皱着眉头呵斥她:"你能不能安静会儿?怎么这么吵啊,你没看到妈妈在忙吗?你学琴就是为了吵妈妈的吗?这么大了,怎么一点儿事都不懂!"小陈琳原本兴奋的情绪一下子变得十分沮丧,抹着眼泪回到自己的房间,把钢琴课本撕成了两半。小小的她不明白:为什么是做同样的事情,上次就得到了母亲的肯定和爱,而这次却只得到了母亲的否定和呵斥?

第二天,她就开始纠结,母亲回来后是弹还是不弹。而母亲回家后看到她坐在钢琴边却没有弹,就问她:"妈妈回来了怎么不叫妈妈啦?坐在钢琴边怎么不弹呢?来弹一个给妈妈听听,妈妈看看宝贝学得怎么样了。"

面对母亲反反复复的态度和阴晴不定的情绪，小陈琳感到不知所措，情感上兴奋和挫败交替出现，时喜时忧，小小年纪就出现了缺乏逻辑的焦虑情绪，常常下意识地咬嘴唇（在心理学上，这表示把自己的情绪咽回去）。当她长大后，面对亲密关系时也常常患得患失，与伴侣经常吵架。

显然，陈琳之所以在成年后会面临严重的情感困扰，与她在童年受到母亲情绪化态度的影响有很大关系。

"气象台母亲"会对孩子的心理造成极大破坏，这是因为她给了孩子一个双重束缚。母亲时而亲近时而斥责的态度，让孩子时而感觉到被爱，时而又感觉到自己被讨厌。在这样的情感变化下，孩子会形成讨好型人格，或者形成孤僻的性格。此时他们已经无法信任别人，也不再相信自己对情感最直接的反应。面对任何人，他都会下意识觉得对方也是像母亲一样，是一个情绪不稳定的人。但其实并非对方是情绪化的人，大多数情况下，是他自己很情绪化。

每个孩子的第一位情商教师都是母亲

有研究表明,成功有80%来自情商,20%来自智商。情商高的人,往往创造力更强。而母亲对孩子情商的影响是最大的,也是最直接的。每个孩子的第一位情商教师都是他的母亲,母亲的言行、情绪、气度都对孩子的情商高低起到了不可忽视的作用。

作家梁晓声曾说过:"人类生活中最温馨最富有诗意的,能使人类情感得到净化、趋向美好的部分,源于女性。男人成就世界,而女人成就了男人。"一个母亲如果具备高情商,那么她的家庭一定很和睦,夫妻关系一定很和谐,孩子也更聪明机灵。

胡适在《我的母亲》一文中写道:"我母亲的气量大,性子好,待人最仁慈,最温和,从来没有一句伤人情感的话。"

在胡适小时候,有六七年家境不是很好,每到除夕总是会有一大群人到家里讨债,不给钱就不走。见此状况,胡适的大哥一早就避了出去。而母亲则仿佛没有看到那些讨债的,照常料理年夜饭、谢灶神等新年事宜,脸上也一直祥和平静,丝毫没有怨气。

到了近半夜,母亲才会从后门出去,请一位邻居到家里来,然后再给每个债主分一点儿钱,和颜悦色、心平气和地将他们一一送走。

过一会儿,大哥敲门回来,母亲也从不责骂大哥。

因为是新年,母亲脸上从来不露一丝怒色。

胡适说,家里大嫂不懂事,二嫂气量小,但母亲从未和两个嫂子吵过一次。"她们常常闹意见,只因为我母亲的和气榜样,她们还不曾有公然相骂相打的事。"

但母亲的和善并不代表无原则地宠溺孩子,恰恰相反,母亲对胡适管束得十分严格。尽管如此,母亲也不会当着别人的面骂他、打他。她会在回家后让胡适跪下,并给他讲道理,且不允许哭出声来。因为母亲认为,她教训儿子并不是借此出气让别人看笑话的。

最后,胡适写道:"如果我学得了一丝一毫的好脾气,如果我学得了一点点待人接物的和气，如果我能宽恕人，体谅人——我都得感谢我的慈母。"

胡适母亲的高情商和对情绪的控制，给胡适留下了深刻的印象，也对胡适的性格产生了深远影响。相反，如果母亲的情商不高、情绪不稳定，也会给孩子造成很大的不利影响。

张爱玲小时候父母离异，她一直是和父亲一起生活。母亲虽然在她4岁那年就远渡重洋，但依然会过问她的教育问题。在孩童时代，母亲是张爱玲心目中的女神，她十分渴望和母亲一起生活。

16岁那年，母亲想让她出国，但父亲强烈反对，还在毒打她之后将她软禁起来。后来，张爱玲想办法逃脱，并如愿以偿出国和母亲生活在一起。然而，真正和母亲生活在一起了，张爱玲才发现母亲并非自己想象得那么好。

张爱玲的母亲性格暴躁、自私，对张爱玲要求十分严苛。如果张爱玲无法达到母亲的要求，就会受到母亲的斥责；如果张爱玲反应迟钝一点儿，就会被母亲骂为"猪"；即便是张爱玲生病了，母亲也毫无怜惜之意，反而骂她活着就是"害人"。

张爱玲回忆说，母亲虽然在教育上舍得为自己花重金，但在日常相处时，母亲的态度深深伤害了她。她对母亲逐渐由爱生恨，甚至她母亲去世时也没有去看一眼。

张爱玲说，知道自己冷酷无情，忘恩负义，反正自己也不会有什么好下场。因为自己与母亲的这段经历，张爱玲甚至不敢生孩子，她害怕自己与孩子的关系会延续自己与母亲的关系。

其实，现在有很多母亲都和张爱玲的母亲一样，虽然内心是爱孩子的，但在与孩子相处时却常常无法控制情绪，不能友好地处理与孩子之间的关系。孩子考试没考好，就对孩子一顿斥责和否定；孩子没能比过别人家的孩子，也会对孩子一阵冷嘲热讽。这对孩子的心灵造成了很大伤害，最后直接反映在孩子的性格和情商上。

在与孩子相处这一点上，霍思燕就算得上是一个很成功的妈妈。在最近热播的综艺节目《妈妈是超人3》中，霍思燕和儿子嗯哼相处得十分融洽，仿佛朋友一般。霍思燕从来不会用自己家长的身份去强迫嗯哼，如果嗯哼做错事，霍思燕也不会大声责骂他，而是会耐心地给他讲道理。

一次，嗯哼光着脚在家里跑，被地上的玩具扎了脚，嗯哼疼得放声大哭，并一气之下把玩具扔到很远的地方。霍思燕听到哭声连忙跑过去安抚嗯哼，待到嗯哼不哭了，才心平气和地告诉他，乱丢玩具是不能解决问题的，说不定下次还会被玩具伤到。

正是在霍思燕这样高情商的教育下，嗯哼也成长为一个高情商的小朋友，在节目里也是各种实力宠妈，又是主动帮妈妈揉受伤的脚，又是担心妈妈感冒而做主将妈妈要的冰咖啡换成"热美式"，还从不吝啬对妈妈的爱和夸赞。

霍思燕用自己的高情商，打造出了一个同样高情商的暖男小王子，不得不说，妈妈的情商就是孩子学习情商的最好范例。

不要再去苛责自己的孩子情商不高，不懂事了。因为是你的情商，决定了孩子的情商。

母亲是一个家庭的灵魂

一个家庭幸福与否，在很大程度上取决于母亲。因为母亲是一个家庭的灵魂。对于这一点，台湾心理学博士、脑科专家洪兰教授用自己的科研成果给予了充分支持。

洪兰教授从男女脑部差异的角度展开研究，用科学数据分析了男女处事不同的原因，并指出，从人类演化的角度来看，男女在情绪处理上是完全不一样的。在洪兰教授的趣味演讲——《母亲快乐全家快乐，母亲焦虑全家焦虑》中，她风趣地说，男生每天讲 7000 个字，女生每天讲 20000 个字。女生更容易把自己的情绪用语言表达出来，而女性的情绪能量也要远远超过男性。

因此，对于一个家庭来讲，母亲快乐全家快乐，母亲焦虑全家焦虑。母亲是一个家庭的灵魂。

洪兰教授在演讲中还指出：当你教育一个男童，你教育的只是一个男童；但是当你教育一个女童，你教育的是整个家庭和下一代。可以说，母亲的文化水准决定民族的未来。这也是为什么我们要更加注重女性教育的原因。洪兰教授甚至还幽默地说："与其花钱教育儿子，不如栽培你的媳妇！"

母亲的情绪在家庭和亲子教育中所造成的影响之大，由此可见一斑。

然而，在生活中，我看到身边有太多的母亲都在机械地、理所当然地履行自己的职责，她们认为为人妻、为人母，就应当尽自己应当尽的责任，要做好家务、带好孩子、孝敬公婆……然而这些并不是她们擅长和喜欢的，所以她们一边无微不至地照顾家庭，一边又满腹委屈地不停抱怨。在这样的家庭环境下，即便她们已经付出了很多，但却很难收获家庭和睦，也会给孩子带来不快乐的影响。

著名编剧廖一梅曾说："我不认为好太太一定要做家务，我就不会做饭，但我自信我带给家人的东西比做饭更重要。"廖一梅在家庭中虽然不做家务，但她有自己的追求，且时时保持一颗快乐的心。在她的影响下，她的儿子开朗乐观，甚至给自己定的人生目标就是要快乐。对此，廖一梅说："我跟儿子说这个目标不错，自己也挺得意，觉得我和老孟（丈夫孟京辉）潜移默化得挺好。"

拿破仑说过，一个孩子行为举止的好坏，完全取决于他的母亲。就像洪兰教授的研究一样，对于人类的行为，要从演化和大脑的角度来看。男女身体构造的不同，使得男女在看待同一件事时所做出的反应也有很大差异。相较于父亲，母亲的情绪对孩子的影响更大。有种说法认为，一个母亲可以影响三代人。虽然三代人有些夸张，但一个母亲的性格、语言和行为会影响两代人是绝对没有问题的。

如果一个母亲在孩子面前时时表现出不高兴的情绪，那么这样的孩子就非常容易形成讨好型人格，他会压抑自己的需求，不敢表达自己的需要，也不敢拒绝别人的请求。他会变得小心翼翼，察言观色，会对别人的情绪极度敏感，生怕自己惹别人不高兴。这样的讨好型人格会让孩子一生都活得很累，很不开心。而要避免这一切，只需要母亲保持一个良好的情绪即可。

要知道，母亲快乐是对孩子最好的教育，只有母亲的心情愉悦，才能使家庭的氛围更加和谐。作为母亲，相较于你对家庭的那么多付出和牺牲，都远不如你心情愉快对家庭做出的贡献大。如果你现在还是一边牺牲自我为家庭付出，一边发脾气、唠唠叨叨地给家人甩脸色，那么你不但输掉了自己的时间，还输掉了自己的情绪，更重要的是，你输掉了这个家对你的喜爱。

所以，收起你的坏情绪吧，与做好家务、孩子优秀相比，保持心情愉快，营造一个坦诚、轻松、愉快的家庭氛围才是最重要的。

孩子的特质是由母亲亲手打造的

前面我们说过，孩子出生后，与母亲的接触是最多的，孩子与母亲的依附关系也是最原始和最不可避免的关系。而母亲对待孩子的方式，也决定了孩子今后的人格发展。可以说，孩子的特质其实是由母亲亲手打造的。

约翰·鲍比的学生，著名儿童心理学家玛丽·爱因斯沃斯在鲍比的依附理论的基础上，提出了孩子的四种依附类型。爱因斯沃斯认为，孩子与妈妈之间的依附类型，会影响孩子特质的形成。

通过以下例子可以分别说明四种不同的依附类型对孩子特质

形成的影响。

一个孩子在刚刚开始学习走路时跌倒了,他会感到疼痛,并且跌倒就会疼痛这种事情是他从未有过的新体验。他会哭,以此来引起妈妈的关注,他希望妈妈能够安抚他,把他抱起来,理解他对跌倒这个新体验的恐惧感。这时,妈妈的四种不同反应,会让孩子做出不同的依附行为,形成不同的特质。

1. 安全型依附

妈妈的反应:听到孩子哭声立刻到孩子身边并温言安抚他,给他拥抱,允许他放声哭泣,以此来发泄心中的恐惧和不安全感。之后如果孩子再次跌倒,依然像这样温和地回应他,给他支持和鼓励。几次之后,孩子如果再跌倒,他会知道妈妈一定会给自己支持的,不用哭,自己就可以站起来。

孩子的依附行为:孩子可以顺畅、自然地表达自己的情绪,就算他心情不好而哭闹,他也知道妈妈会允许他发泄,所以他会在差不多的时候停止发泄,而不会没完没了、哭闹不停、满地打滚。因为他知道妈妈一直在身边支持他,所以他不会做出夸张的行为来吸引妈妈的注意,而是会很快地投入新的探索活动中。

孩子的特质:有着安全型风格的孩子,会更有安全感,自信心也会更强。肯定自己,也肯定他人。对待情感比较成熟,有弹性。既能与人保持亲密关系,又能给人留下独处空间。

2. 回避型依附

妈妈的反应：听到孩子哭声后，不去安抚孩子，甚至会远远躲在一边，不让孩子看到自己，以免孩子太过依赖自己。由于想让孩子尽快学会"独立、坚强"，在孩子跌倒哭闹时，不会抱孩子、哄孩子，反而还会斥责他："不就是摔了一下吗，哭什么哭，丢人不丢人！"或者说："别哭，快起来，我还要给你做饭呢！"每当孩子遭遇挫折，情绪比较低落，需要妈妈安慰的时候，妈妈都采取这种负面的做法回应孩子，不但会贬低孩子的价值，也会让他失去安全感，伤害了自尊。在这种缺乏安全感的基础上，就算孩子很快学会独立坚强，人格也是不健全的。

孩子的依附行为：当孩子遇到挫折，期待母亲的安慰以获取安全感的时候，如果母亲总是给予负面回应，孩子的期待也就常常落空。多次之后，孩子会认为哭是没用的，再有同样的事情发生，他就会压抑自己的情绪，默默承受挫折。从表面上看，妈妈似乎达到了自己的目的：孩子确实很快独立坚强起来，自己离开他也不会很黏人、哭泣、无理取闹，十分"懂事"。殊不知，这时孩子的脑内其实在承受非常大的压力，他根本无法自信地展开探索活动，也不能快乐地玩耍和学习。

孩子的特质：有着回避型风格的孩子比较容易养成自傲的性格，肯定自己，却往往会否定别人。同时，还有很强的掌控欲，不会主动与人分享自己的感受，也不轻易信任和依靠任何人，当然他也不喜欢别人依赖自己。他在亲密关系的处理中常常不知所措，为了避免暴露自己的弱点，干脆不和别人亲近。

3. 抵抗型依附

妈妈的反应：听到孩子哭声后，妈妈有时候会表现出很关切的态度，有时候又会冷语相加。在孩子看来，妈妈每次的反应都不一样，他无从预测妈妈对这类事情的反应，于是他可能会通过夸张的行为来刺激妈妈，也可能会抵抗妈妈的亲昵动作。

孩子的依附行为：这类孩子往往表现出想靠近妈妈，却又会挣脱妈妈的行为。在妈妈离开时，他会十分想见到妈妈，会用夸张的行为表达自己的情绪。当妈妈回来后，他会很开心，想要得到安慰，但依然会忍不住打妈妈，想要"惩罚"她的离开。这类孩子对母亲的依附是既想得到又想推开的矛盾行为。对他来说，爱、安全和归属都是无法掌握的。

孩子的特质：有着抵抗型风格的孩子，常常会否定自己，肯定别人。他渴望爱，但却极度敏感，怕自己被抛弃，怕受伤。在处理亲密关系时，他往往表现出对对方极度的依赖，不能给对方留下自己的空间，相处起来双方都会比较累。

4. 混乱型依附

妈妈的反应：听到孩子哭声后，妈妈可能会表现出不知所措、慌乱、害怕的消极态度，也可能会用很粗暴的方式将孩子拉起来。孩子从母亲的反应中无法感受到爱和安全感，他虽然也爱自己的妈妈，但在他的意识层面里，爱是伤人的。

孩子的依附行为：这类孩子在妈妈接近自己时，会感到不知所措。他想和妈妈亲近，但在动作上却不会表现出主动，甚至还会退缩逃离。他往往认为，自己什么都不做才是最安全的。

孩子的特质：有着混乱型风格的孩子，会否定自己，也会否定别人。他渴望得到爱，却又会逃离爱，因为他无法信任别人。他常常感到焦虑。在亲密关系中，也会表现出很强烈的情绪，爱恨交织，无法冷静对待。

上述四种依附类型基本上涵盖了所有的亲子关系类型，由此可以看出，孩子未来的性格发展、人格特质，都与母亲对孩子的回应方式有很大关系。很明显，安全型依附的孩子人格发展最健全，这种类型的母亲对孩子情绪的回应方式是最可取的。母亲是孩子探索世界的后盾，只有母亲给予孩子足够的爱和安全感，孩子才能够更好地适应外部世界，健康成长。

有趣的母亲影响孩子的运势

前面我们说过,有趣的父亲很有必要。其实,有趣的母亲也同样很重要。因为有趣的母亲可以影响孩子的运势。

高尔基说:"世界上的一切光荣和骄傲,都来自母亲。"母亲是一个家庭的核心,母亲的情趣也影响着家庭的氛围和运势。试想,每天面对一个有趣的妻子、有趣的母亲,家庭该是多么其乐融融啊。

我们都知道,"宋氏三姐妹"均经历了传奇的一生,运势不可谓不好。难道说是因为宋家的"风水好"吗?在我看来,这更多是源自宋夫人倪桂珍所营造出的运势。

"宋氏三姐妹"的母亲倪桂珍是一位心有格局、果敢有趣的女人。在倪桂珍出生的那个年代,大众审美仍然以"三寸金莲"为美,但她却坚持不缠脚。在婚姻大事上,也不像同时代的其他女子那样遵循父母之命、媒妁之言,只要是自己不喜欢,就算父母做主订婚了,她也是要退婚的。

这样一位不拘于世俗的女子,在为人妻、为人母之后,更是将自己的开明、聪明、果敢和智慧表现得淋漓尽致。

在与丈夫相处时,倪桂珍表现出了对丈夫的绝对信任,无论丈夫做什么,事业进展如何,她从不对其指手画脚。

在子女的教育上,她表现出自己对孩子们的关心和喜爱,但绝不溺爱孩子。尤其是在饮酒、赌博、撒谎、偷懒等问题上,倪桂珍更是对孩子们有严格的要求。为了让孩子们开阔眼界,有更大的抱负和更完整的世界观,她对子女一视同仁,让他们都出国留学。除了要有理想、有抱负、有成就、有追求,倪桂珍还要求孩子们要做一个有情趣、不死板的人。

一家人在上海居住时,倪桂珍和丈夫一起在上海郊外亲手打造了一个有着海南特色的房子作为自己的家,这个房子门前有小溪流过,周围是一片绿油油的庄稼地。倪桂珍还特意在屋后开辟了一块菜地,不但可以为自家提供瓜果蔬菜,也为孩子们保留了一方乐土,使他们能够享受悠然自得的田园生活。

每天,倪桂珍都会亲自教孩子们读书、写字、画画、弹钢琴。每个周末,她还会组织家庭晚会,大家一起唱唱歌、跳跳舞、弹弹琴,好不惬意。

就是在这样的家庭环境熏陶下,三姐妹继承了母亲的多才多艺,大姐宋蔼龄擅长唱歌,二姐宋庆龄擅长弹钢琴,三妹宋美龄则擅长跳舞和画画。

在倪桂珍的经营下,宋家保持了一种"世外桃源"的优越环境,这个家里既有田园,又有钢琴;有传统国学,也有西方英语,与其他普通家庭相比,宋家充满了欢乐、和谐和诗情画意。

正是倪桂珍对待生活的种种情趣,才使宋氏三姐妹逐渐养成了热爱生活、有情趣、有追求的习惯,影响了她们一生的运势。我们常说:"好看的皮囊千篇一律,有趣的灵魂万里挑一。"拥有一个有趣的灵魂,就会拥有一个不一样的人生。

不要做"有毒"的母亲

我们常说,"母爱是伟大的""没有哪个母亲不爱自己的孩子""母爱是最纯洁、最无私、最伟大的爱"。诚然,绝大多数母亲都是爱自己孩子的,但是我们也不得不承认,有些母亲也并非真的爱孩子。

虽然母性是本能,但是没有哪个母亲天生就懂得如何去爱孩子。事实上,一个女性初为人母,她会如何与孩子相处,最终会和孩子发展成什么样的关系,其实都和她自己小时候的成长环境与经历有直接关系。如果一个女性在童年和成长期受到过伤害,或者没有得到足够的关爱,那么当她为人母后,极有可能与自己的孩子发展出一段"有毒"的亲子关系。

这里所说的"有毒"的亲子关系,是指母亲与孩子之间充斥着愤怒、伤害和情感操控,然而彼此却不能给对方任何支持。一般以下七种母亲更易成为"有毒"的母亲。

第一种是轻视型母亲。这种母亲一般在孩子的物质生活需求上都能给予满足,但是却忽视了孩子的情感需求。这样容易使孩子无法确定自己的情感需求是否合理。他会认为自己根本不值得被别人关注,也不值得被爱。但是他依然会期待母亲对自己的关注和赞赏,所以会加倍努力,做"乖孩子"。

第二种是控制型母亲。这种母亲对孩子有极强的控制欲,她不会认真听取孩子的意见,即便孩子说自己不饿,她也会在吃饭时强迫孩子吃饭;即便孩子说不喜欢她买的衣服,她也会强迫孩子穿上这件衣服。她会安排孩子的一切,规划孩子的人生,却从不考虑孩子的感受。当孩子反抗时,她会用"我都是为你好"这句话压制孩子。

第三种是冷漠型母亲。这类母亲会在孩子需要得到她的爱时,选择退缩或回避,甚至不与孩子有身体接触。就算孩子哭泣或有别的情绪,她也不会给予合理的回应。这样的做法会让孩子觉得自己被遗弃了,会认为自己是不是真的有这么惹人讨厌,从而会在心里留下创伤。

第四种是纠缠型母亲。与冷漠型母亲相反，纠缠型母亲会强势地占据孩子的所有私密空间，会不停地破坏与孩子之间的界限，使得孩子无法获得身份认同。这样的孩子极易丧失自我，只为母亲的期望而活。

第五种是不可靠型母亲。孩子与这种母亲相处时，会感到十分迷茫。因为这种母亲总是对孩子持有不同的看法和评价，有时候会对孩子关爱有加，鼓励赞赏，有时候又会对孩子恶言相向，批评贬低。这让孩子觉得无所适从，不知道自己应该如何做才能获得母亲的好感。

第六种是炫耀型母亲。这种母亲往往拥有较好的外表，有魅力，有好人缘，会照顾家庭，而且还事业有成，算得上是一个成功的女人。在与孩子相处时，她会认为自己的孩子也应该像自己一样优秀，所以会操控孩子的生活与学习，希望孩子能够按照自己的期望行事，因为如果孩子优秀了，她们就多了一项炫耀自己的资本。

第七种是角色颠倒型母亲。这种母亲往往将孩子当作大人对待，尤其是家庭里孩子比较多时，年龄大的孩子就更容易受到母亲的这种对待。母亲会希望他从小就承担很多家务，长大后也要继续资助家庭其他成员。

上述七种"有毒"的母亲，其实在生活中并不鲜见，她们与孩子相处的方式会给孩子的心灵造成伤害，而这种创伤会对孩子的一生造成影响，甚至这种影响还会延续到下一代。如果你不想成为"有毒"的母亲，那么，尽快试着去修复有创伤的亲子关系吧！

母亲对儿子的婚姻和事业有决定性影响

在婚姻与家庭治疗领域颇有建树的琳达·斯通·菲西博士曾经说过,母亲可以引导儿子感觉到自己的价值,如果一个母亲觉得自己重要,但又不是完全以自我为中心,儿子也会感到自己是最重要的,是值得被爱的。

也就是说,如果母亲觉得自己重要,她的这种态度就会给儿子传递两个讯息:我的母亲是一个重要的人,而我又是母亲的孩子,那么我也是个重要的人;因为我和我母亲是重要的人,所以我们值得别人的善意和尊重。成年后,他也会尊重女性,尊重自己的妻子。

如果母亲觉得自己不重要，她的这种态度就会给儿子传递这样一个讯息：女性是卑微的，不应该得到尊重。当儿子收到这种讯息后，他的内心会产生自卑感，并且会慢慢嫌弃自己的母亲，转而开始靠近有权力的父亲。成年后，他不会尊重女性，与他相处的女性，往往会在身体上和精神上都受到伤害。

我们常常说，男孩要有男子气概，要像父亲一样有阳刚之气，而不能与母亲太亲近，以免变成"娘娘腔"。然而，对于幼小的孩子来说，母亲对他的影响，在某些方面要远远超过父亲对他的影响。如果过早与母亲分离，这种男孩的心理发展往往是不健全的。

在婴儿时期，母亲总能更好地满足儿子的需求，从而使其建立内在的安全感，这样的男孩长大后往往会更有责任心。而婴儿时期未能与母亲建立良好依恋关系的男孩，在长大后往往会表现出暴力、激进的一面。

良好的母子关系有利于男性学习能力的提高，因为母亲的情感往往更为丰富，这对儿子阅读能力的影响是十分明显的。相较于父亲，母亲更能帮助儿子提高阅读和写作能力，而阅读能力是学习其他一切知识的基础。

与母亲关系良好的男孩，更易平稳度过青春期。男孩在青春期极易出现叛逆情绪，会做出一些诸如抽烟、饮酒、打架斗殴，甚至是吸毒等行为，而母亲的教养和指导则可以很好地避免儿子做出这些行为，因为母亲不会赞同这些行为，而与母亲关系良好的男孩会本能地将母亲的约束和价值观带入自己的信念和准则中。

另外，母亲在情商方面对儿子的影响也十分大，因为父亲往往会压抑自己的情绪，而母亲的情绪则相对较为丰富。儿子可以从母亲那里学会如何表达和控制自己的情绪，从而锻炼自己的情商。因为情商高，在长大后就能够更好地处理人际关系，从而更容易获得事业上的成功。在找寻伴侣方面，高情商的男人从来都是稀缺品，这样的男人更受女性欢迎，也更容易收获幸福。

III

孩子未来的一生，由父母决定

父母对孩子的品质形成有多大影响

父母在孩子的成长中分别扮演着不同的角色,而孩子品质的形成,和父母有很大关系。心理学研究表明,孩子情绪依恋的发展,会受到他在 0~6 岁期间的主要照顾者(一般是父母)的重大影响,孩子与主要照顾者之间的亲密关系如果出现混乱,那么孩子未来的生活中就会出现很多的问题。

天才画家达·芬奇小时候和父母之间就没有建立起良好的亲密关系,因为他的父亲是一个公证人,而母亲只是家里雇用的农妇。阶级之间的阻碍使得他们无法结为夫妻。

达·芬奇的父亲后来娶了好几任妻子,但每一任妻子都不喜欢小达·芬奇,要么对他很冷漠,要么对他很残暴。而父亲也没有给予这个可怜的孩子过多的爱和关注。

在母爱缺失、父爱缺少的环境下成长起来的达·芬奇,虽然在艺术、数学、建筑、生理等多个领域取得了很高的成就,但他的心理却是不健全的。他十分厌恶女性,一生未婚,传闻他喜爱欣赏的都是男性。显然这和他幼年时的遭遇有不可分割的关系。

奇怪的是,虽然达·芬奇厌恶女性,但在他的画笔下的女性却大多美丽、端庄、娴静,最著名的莫过于《蒙娜丽莎》。著名心理学大师弗洛伊德分析说,达·芬奇之所以会如此,主要是因为童年母亲的缺席和继母们对他的虐待,使得他内心深处更加渴望母爱,而这一渴望最终体现在了他的画作中。

可见,就算是天才,也逃不过母爱缺失带来的伤害。在一个孩子成长的过程中,父母分别以男性和女性的身份陪伴在孩子身边,给孩子带来的影响是不同的,在与孩子互动的过程中,所扮演的角色也是不同的。父母任何一方的缺失或不平衡的投入,都会影响孩子未来的品质。

这一点,从单亲家庭的孩子和双亲共同抚养的孩子在与人交往时所做出的表现就可以看出来。双亲共同抚养的孩子在与男孩交往时,和与女孩交往表现是不一样的;而单亲家庭的孩子则往往会采取同一种人际交往方式来对待所有人。

那么，父母在哪些方面会对孩子的成长产生影响呢？

首先，父母在与孩子玩耍时所采取的方式不同。在陪孩子玩耍的过程中，父亲往往是真的陪孩子玩耍，而母亲更多的是照顾孩子。在这个过程中，父亲向孩子展示了"竞争性"和"独立性"的品质，而母亲则向孩子展示了"公平性"和"安全性"的品质。父亲会在玩耍的过程中设立规则，孩子会逐渐养成遵守规则的好习惯，而母亲则更注重保护孩子的安全，使其在冒险时能更有安全感。如果孩子在母亲缺席的环境下长大，他可能会比较缺乏安全感，为了回避风险，会很少亲身体验未知事物，从而变得软弱、安于现状；如果孩子在父亲缺席的环境下长大，他会对社会规则不屑一顾，会轻视或践踏别人的利益。并且，由于母亲给予了足够的安全感，他会踊跃参加冒险活动，却从不考虑后果自己是否能承受。所以，很显然，只有在父母同时陪伴的情况下，孩子才会处于一种平衡的成长状态。

其次，父母在与孩子沟通时所选用的方式不同。在与孩子沟通时，父亲的说话方式往往比较简短，但很有方向性，能直接指出问题要点，还会伴有一定的肢体语言；母亲在与孩子沟通时，则会更喜欢采用描述性的语言，并带有大量的情绪和情感。孩子在与父母分别沟通时，可以感受到不同性别的人表达方式的差异，从而学习到在与男性沟通时应该采用什么方式，在与女性沟通时应该采用什么方式。

再次，父母会影响孩子未来亲密关系的建立。父亲在孩子成长的过程中扮演的男性角色，可以让孩子更加熟悉男人的世界，尤其是对女孩来说，有父亲陪伴长大，她会更容易与男性建立起健康的关系。而母亲所扮演的女性角色，则可以让女孩学会如何和男性相处以及应当采取何种言谈举止方式，可以让男孩了解女性的世界，锻炼他与女性交流的能力。另外，父母相处是否和谐，会间接决定孩子是否会尊重自己今后的伴侣。因为一个人与伴侣的相处方式，80%都是从父母相处模式中学习到的。

因此，孩子的成长中，父亲和母亲都很重要，不可缺失。父母双方给孩子的品质形成造成的影响是不同的，如果有一方缺失，孩子就可能会成为一个人格不健全的人，从而影响其今后的发展。

夫妻关系比亲子关系更重要

在中国式家庭中,孩子往往被放在了首要地位,亲子关系也成为家庭中最重要的关系。很多夫妻为了孩子,都放弃了他们之间原本应该有的亲密关系,而将重心全部放在了孩子身上。

但其实,当亲子关系大于夫妻关系时,对孩子的成长反而会有所不利。如果夫妻关系出现问题,亲子关系也极有可能出现问题。因为在一段能带来好运势的家庭关系中,夫妻关系处于领导地位,亲子关系处于从属地位。也就是说,家庭关系中,夫妻关系应当放在首位,而现在很多家庭都本末倒置,将亲子关系放在了首位。

电影《风声》的编剧麦家说过:"偷偷摸摸的夫妻是可耻的,心里只有孩子的夫妻是可怜的。"

只有夫妻恩爱和睦,家庭环境的氛围才温馨安全,孩子才能更健康地发展。如果孩子生活在乌烟瘴气、冷战暴力的家庭中,身心很难得到健康发展。可以说,如果夫妻和睦,儿女自然良善;如果夫妻有隔阂,儿女也必将敏感。

钱钟书与杨绛夫妇向来是琴瑟和鸣,二人的关系如春风般令人舒适。在这样有爱的环境下长大的小钱瑗也学会了如何爱人,懂得如何能更好地被爱。一次,小钱瑗和父母一起去饭店吃饭,看到邻桌的夫妻两人吃着吃着吵了起来,并且当着孩子的面有大打出手的趋势。虽然后来被众人拉开劝说,但小钱瑗注意到,那孩子的脸色一直很难看,有屈辱、难过、愤恨、尴尬,也许他的父母永远也不会知道,这次当众争吵给自己的孩子造成了多大的心理伤害。相比之下,自己何其幸运,生活在父母恩爱的家庭环境中。小钱瑗说:"我觉得自己是个幸运的孩子。"

夫妻关系是孩子认识世界、了解爱情、理解婚姻的第一通道,夫妻关系才是家庭的核心。一个人的父母关系如何,也在很大程度上决定了他们的子女会怎样对待伴侣,而这也逐渐成为择偶标准之一。

小影的老家有一个风俗，嫁女儿之前，女方家长会到男方家里访查一下，以了解男方的家庭情况。小影的几个表姐出嫁前，都会让舅舅出面去访查。只要是舅舅点头说可以的人家，基本上表姐嫁过去过得都比较幸福。

舅舅俨然成了这个家族里的婚嫁专家。小影小时候不懂事，只是觉得舅舅好厉害。现在长大了，也面临婚姻问题。舅舅给小影指点迷津，说："你去拜访对方父母时，留意察看对方父母之间的关系，看他们是否恩爱和睦。如果他的父亲很关心妻子，能够事事为妻子着想，那舅舅就支持你嫁过去；如果他的父亲在家里趾高气扬，指使妻子做这做那，不尊重、不关心妻子，那舅舅是不会同意你嫁过去的。"

小影当时还不服气，说："和我过日子的是我男朋友，又不是他的父母。他父母感情好不好，跟我们有什么关系？"

舅舅语重心长地说："一个人的家庭和他本身有千丝万缕的联系，他父母的行为，他这二十多年来耳濡目染，他看到父亲是如何对待母亲的，日后他也会如何对待自己的妻子。你和你男朋友认识这么久，既然已经开始谈婚论嫁，那么这个男孩怎么样你是最清楚的，我就不多做评价了。但是既然到了谈婚论嫁的地步，你就要看看他的家庭，他的父母。他家里的情况可以作假，但他父母的感情是无法作假的，细节往往最能反映真实的情况。你听舅舅话，好好观察他的父亲是如何对待母亲的。"

小影一直觉得舅舅的话太牵强，也没怎么听进去。后来，小影和男朋友因为一些事分手了，听说前男友很快找了个人结婚了，婚后常常打骂妻子。小影忽然想起舅舅说的话，打听了下前男友的父母，果然，他的父亲也常常酗酒打骂他的母亲。

小影不禁暗自庆幸，还好和他分手了。这时，再将舅舅的理论放在身边朋友身上验证，果然是一说一个准。

朋友彬彬的父亲很喜欢做菜，并且根据妻子的口味特意学习了川菜，来自广东的父亲原本并不能吃辣，但现在竟然也能吃起辣来不皱眉头。彬彬原本并不会做饭，婚后竟然烧得一手好菜，小影和朋友常常去他家里大快朵颐，边吃边调侃"沾了他媳妇儿的光"，谁能想到，原来从不做饭的彬彬会成为家庭做饭项目"承包商"。

与彬彬对比鲜明的是小影的发小键盘，他的父亲是家里的"甩手掌柜"，从小不管他的母亲多忙，父亲永远是跷着二郎腿坐在沙发上看报纸、看电视。后来键盘结婚后，小影和朋友偶尔去他家里小聚，也是看到键盘的妻子在厨房忙碌，而键盘则是和朋友们高谈阔论，时不时去催下厨房里的妻子。

想到这里，小影不禁对舅舅肃然起敬，佩服得五体投地。原来，父母对彼此的态度，也能反映出孩子对伴侣的态度。

其实，小影舅舅分析的这种情况，在心理学上，是有合理解释的。

在一个家庭中，如果亲子关系超过夫妻关系，就会给这个家庭带来极大的破坏。例如，当男孩看到父母的关系不是很好，他可能会同情妈妈，那么他和妈妈的关系就会变得很好，会把自己妄想成是妈妈的配偶，承担虚拟父亲的角色。这样一来孩子就容易形成恋母情结，最终变成一个"妈宝男"。和这样的男人结婚，将会面临糟糕的婆媳关系，作为丈夫，这个男人不会帮妻子说话，反而会用一句"我妈多么不容易！"来反击妻子。这样的夫妻关系将会恶化，甚至会演变成悲剧。

当然，当孩子看到父母的关系不好，他也可能不同情妈妈，但此时他已经不知不觉地在学习爸爸。当这种孩子长大成家后，他会用爸爸对待妈妈的方式对待自己的妻子，显然，这也是不利于夫妻关系和睦的。

有数据显示，在中国家庭，如果夫妻关系不好，有90%的可能会诞生一个敏感焦虑的母亲、一个缺席不负责任的父亲，和一个有敏感、自闭、悲观性格的孩子。

所以，给孩子最好的教育是什么？不是买学区房，不是请家教，而是夫妻恩爱互敬。只有父母相爱，孩子才会有安全感，才能更专心地学习成长，才能学会如何爱自己，如何爱他人。

父母的修养决定孩子的教养

常言道:"家庭是孩子的第一所学校,父母是孩子的第一任老师。"父母对孩子的教育是最早的,也是对孩子影响最深刻的。教育的第一步往往是从模仿开始的,对于刚出生的孩子来讲,在他成长的过程中,父母是他接触最早、最多的人,自然而然也就成了他模仿的对象。父母的一言一行,孩子都看在眼里,记在心里。如果父母待人接物彬彬有礼,修养极好,孩子也会在耳濡目染下变得十分有教养;如果父母暴躁粗鲁,没有涵养,孩子也很难有很好的教养。

卢梭曾说过:"人的教育在他出生的时候就开始了,在他不会说话和听别人说话以前,他就已经受到教育了。"列夫·托尔斯泰也曾说"全部教育,或者说千分之九百九十九的教育都归结到榜样上,归结到父母自己生活的端正和完善上"。

父母对孩子的教育,可谓意义重大。你想让自己的孩子成为什么样的人,首先,你要让自己变成这样的人。

前段时间,朋友圈被成都地铁上的一个小男孩刷屏了。在地铁2号线上,小男孩原本和妈妈一起坐在座位上,后来一位带宝宝的阿姨上车,小男孩主动让座给阿姨。妈妈太累打瞌睡,头抵在旁边的玻璃上,小男孩一边帮妈妈背包,一边把自己的手垫在妈妈的头和玻璃中间,好让妈妈睡得更舒服一些。

网友们看到后纷纷留言。有人说,孩子的模仿能力很强,在家里小男孩的爸爸也一定是这样对妈妈的。还有人说,为什么自己遇到的都是熊孩子,这么乖巧的小宝贝怎么都是别人家的?也有人说,那些熊孩子的父母,别再为自己的孩子找借口了,这不是年龄小的问题,而是教养问题。

现如今,"熊孩子"一词十分流行。很多网友纷纷吐槽自己遇到的那些"熊孩子"。电影院里大喊大叫、车厢里跑来跑去、到自己家里做客到处乱翻、乱扔垃圾……而这些熊孩子的父母,在面对别人指责自己的孩子时,总是为孩子找借口:"孩子小,不懂事。""小孩子嘛,活泼好动是好事。""小孩淘气,大了就好了……"

其实,哪有天生的熊孩子。每个熊孩子的背后都有一个熊家长。正所谓:"养不教,父之过。"

央视曾经拍过一部纪录片《镜子》,里面有一句孩子的自白,令人印象深刻:"我是一面镜子,我的面孔,能照出我是如何忠实于父母,无论是外表还是内心,与他们是多么相似。"

有位母亲在网上发帖,说自己的孩子在餐厅吃饭,因为有点儿调皮就被打了一耳光,这位母亲愤怒地说:"从来没见过这么恶心的男人,竟然对一个小孩子下手,太不要脸了!"

原来,这位母亲带着儿子去吃饭,儿子吃饭期间在饭店到处乱跑,几次去骚扰一桌吃螃蟹的客人,甚至还伸手去抓别人桌上的螃蟹。被螃蟹桌的客人把手甩开后,小男孩动手打了这桌客人,结果被打了一耳光。

网友了解到事情经过后,不但没有人安慰这位母亲,反而纷纷留言:"长点儿心吧,有你这样的家长,你儿子以后挨揍的机会还多着呢!""子不教父之过,你不管你家孩子,以后有能管他的地方。""你孩子不懂事,还不是因为你不懂事。还好意思骂别人不要脸!"

估计这位母亲看到网友留言后,怕是要气晕过去吧!

所谓教养，并不是指有多高的文化修养，而是基本行为方式中的道德修养，与文化教育程度无关。孩子有没有教养，和父母本身的道德修养有直接关系。父母缺乏修养，孩子长久模仿后，会逐渐内化为不良品行，而品德高尚、有修养的父母教育出的孩子，人格发展更健全，处事更得当。

父母的修养，就是孩子的教养。要想让孩子变成高尚的人，首先，你自己要成为一个高尚的人。

父母有原则，孩子有纪律

孩子是父母的心头宝，每个父母都很爱自己的孩子。但是爱孩子也要有一定的原则，不能无原则地溺爱孩子。

在《颜氏家训》中，有一条为："父子之严，不可以狎；骨肉之爱，不可以简。简则慈孝不接，狎则怠慢生焉。"也就是说，父亲对孩子要有威严，不能亲近而不庄重；骨肉之间要相亲相爱，不能简慢。如果流于简慢，就无法做到父慈子孝；如果过分亲密，就会产生放肆不敬的行为。这句话虽然有些刻板，但也有一定的道理。

在教育孩子的过程中，有原则的约束要比无条件的纵容更能培养出有教养的孩子。如果父母没有原则，孩子就会破坏规则，不断地试探和超出父母的底线，慢慢就会超出道德的底线，最后甚至会触碰法律的底线。到那时，父母再补救也来不及了。

所谓有原则，就是守规矩。当孩子做错了事，做父母的不能纵容他，不能为他找借口开脱，更不能为他破坏现有的规则。

父母给孩子立规矩后，一定要遵守规矩，不能一而再，再而三地降低底线。经常这样，孩子就会无视规矩的存在。很多父母都会无奈地说："给他定了规矩啊，可是他不听啊，又是哭又是耍赖的，我也没办法。"其实，孩子之所以不听，还是因为被父母惯的。比如，和孩子约定好每天只能看半小时动画片，但孩子一哭闹，父母就妥协了，于是孩子又看了半小时。经常如此，孩子会发现，只要自己耍赖哭闹，就能得到自己想要的结果。此时，父母再要立规矩，就没有什么意义了。所以，有些事情不能惯着孩子。做父母的，要言必信，行必果。

另外，父母千万不能为孩子大包大揽，帮孩子逃避责任。要注意从小培养孩子自己的事情自己做，自己要对自己的行为负责，要让孩子知道，自己做的事情要自己承担后果，出了问题要自己想办法解决。这也有助于让孩子尽早地适应社会的规则。

有四条规矩，父母应该从小就给孩子立起来。第一，不能有粗野、粗俗的行为；第二，不是自己的东西不能随便拿；第三，不能随意打扰别人；第四，做错了事情要道歉，且有权利要求别人道歉。

闺密阿珍有一对可爱的龙凤胎，一天下班回来，4岁的儿子棒棒和女儿糖糖拿着几枝花迎了过来，边跑边说："妈妈，妈妈，看我送给你的花。好看吗？"原来，棒棒和糖糖在小区里玩耍的时候，看到一丛花开得特别漂亮，想送给妈妈，于是两个小家伙就摘了一些花回家。阿珍听明白后，先是抱了抱孩子，说："谢谢宝贝们送妈妈的花，很好看。"然后又放下孩子，看着他们说："但是棒棒和糖糖不能为了给妈妈看花，就把花摘下来啊。你们摘下来以后，别的小朋友的妈妈不就看不到了吗？"棒棒和糖糖似懂非懂地点了点头，阿珍接着说，"如果你们想让妈妈看，可以带着妈妈到楼下看。妈妈也会很高兴的。"棒棒和糖糖听了以后，纷纷说："妈妈，我错了，以后我不摘花园里的花了。"

阿珍的教育方式十分可取，当孩子做错了事，哪怕他们是为了表达对父母的爱，也应该在回应了孩子的爱以后，引导他意识到自己的错误并加以改正。父母应当理性地对待教育，要坚守道德底线和做人原则，并将这些传递给下一代，这样才能教育出有纪律、懂规矩的孩子。

孩子就是父母的一面镜子，会照出父母的品性。做父母的，要注意日常生活中的自我教育和修养提升，为孩子提供良好的品格、修养、原则和格局的模板,以供孩子复制和学习。

值得注意的是,在为孩子立规矩、讲原则的同时,一定要把握好尺度,要既不失去爱,又能坚持原则。要知道,"爱孩子"和"立规矩"从来都不是单选题,两者是可以兼顾的,因为规矩和爱本来就是统一的。

在某本书中曾见到这样一句话:"有规矩的自由叫作活泼;没有规矩的自由叫作放肆;不放肆叫作规矩,不活泼叫作呆板。"

如果不给孩子立规矩,过度溺爱,就会使得孩子没规矩、不懂礼貌、不知道尊重别人、自私懒惰、缺乏教养,这种爱将会贻害无穷;而如果过度立规矩讲原则,又会让孩子变得谨小慎微、循规蹈矩、压抑天性、冷漠冷淡,这种讲规矩则是毫无意义的。

家是孩子的归宿,父母是孩子的依靠,在真诚关怀和亲近的基础上,给孩子立规矩、讲原则,才是让孩子有纪律的最好教育模式。

父母走多远，孩子走多远

读万卷书不如行万里路，旅行是一个提升格局的有效途径。多去看看外面的世界，能够让你成为更好的自己。因为你看过的风景，接触过的人，领会过的风俗文化，都会决定你看待问题的方式。曾站在高山之巅的人，与只爬过土丘的人，眼界是不一样的。如果条件允许，父母带孩子多出去走走是一个不错的教育方式。走出去，就会有意想不到的收获。

其实，现在很多家庭都具备带孩子出去旅行的条件，只是因为各种原因而一再推后。甚至还有很多父母自己都没有去过远方，自己不去的远方，孩子自然也无法到达。事实证明，见识过更多世界的孩子，更容易形成开朗、活泼、自信的性格；反之，只是在自己成长的地方待着的孩子，更容易形成内敛、孤僻、自卑的性格。这种情形，越是在大城市，越为明显。

当然，作为父母，带孩子旅行和自己旅行还是有所不同的，最好提前做好相应的准备。可以利用旅游书、地图、地球仪等道具，先给孩子们"打打预防针"。比如，要去云南之前，可以先和孩子一起拿笔在地图上圈圈点点，让孩子找到自己住在哪个地方，离云南有多远，中间隔了几个省，有多少公里。也可以买本旅游书，和孩子一起翻翻景点介绍，讲讲这里的故事传说，让孩子在没出发前，就心生憧憬，让等待出发的日子变得更幸福。每去一个地方，都可以在地图上标上一个小旗子，表示这是已经"征服"的领地。

与孩子一起旅行，不但可以增加孩子的阅历和见识，开阔孩子的眼界和格局，还能培养孩子与父母之间的亲密感，让父（母）子成为好朋友。或许会有人认为，带孩子出门太累，又麻烦，不如让他去上个辅导班、兴趣班省事，还能学到一门技能。这么想，只是因为作为父母的你，还没有掌握如何带孩子旅行的方法。带孩子出去走走，远比上一节孩子也许并不是很感兴趣的兴趣课所起到的教育效果要好。

为此，我专门咨询了一个致力于亲子旅行的朋友，他提出了一些亲子旅行建议，非常实用，能让又累又麻烦的亲子旅行变成富足、快乐的户外教学。

1. 身未动，心向往

在确定出行计划后，先做好准备工作，带着孩子一起，在动身之前神游一番。这就相当于运动比赛前的热身，通过地球仪、地图、旅游书、宣传片等道具，让孩子先了解下目的地。当然，一定要找有趣的东西给孩子看，比如，去庐山之前，可以先给孩子讲讲李白那首著名的唐诗《望庐山瀑布》，让孩子想象一下"飞流直下三千尺，疑是银河落九天"的壮观景象。让孩子在到达庐山之前，就已经跨越古今，与庐山神交。这样的神游，可以让孩子对即将到来的旅行充满期待和兴奋，会积极地对待出行，而不会在临行前还与手机游戏依依不舍，又哭又闹不肯出门。

2. 设定出行的主题游戏

单纯的出行，容易让孩子失去对旅行的兴趣。而在每次出行前设定一个主题游戏，则可以让孩子在整个游玩过程中都玩得乐此不疲。比如，出门前和孩子设定一个找字游戏，见到一些奇怪特别的字、词语、地名、路标、街道名等，都可以找来玩。比如，陕西名吃"biangbiang面"的"biang"字堪称最复杂的字；和珅府邸暗藏了很多"福"字，且形态各异，一不小心能集齐个百福图；长沙真的有个火星镇，"我要回火星"再也不是一个遥不可及的愿望。类似这样的字、地名比比皆是，只要留心，一次旅行下来能找到很多。这不但考验了孩子的观察力，还为游玩增加了很多乐趣。除了这些，还可以设定一些找狮子、找龙等主题游戏，让孩子与其合照留念或学其模样拍照留念，这样就让一些容易让人忽视的景点变成属于只有你们才懂的家庭乐趣，既有意义，又增加了孩子游玩的兴致。

3. 事不过"三"，放慢脚步

一些家长在亲子旅行时容易陷入一种误区，认为好不容易带孩子出来一次，一定要多逛一些地方才好。其实，事不过三，孩子的兴趣和精力有限，若贪多反而达不到效果。比如，去博物馆时，让孩子先从博物馆简介中选择三件藏品、三个特展，这样他才能有兴趣和体力去观察和想象，如果走马观花般一次性把博物馆上万件藏品看完，恐怕孩子只能留下"博物馆好累好无聊"的记忆。

除了不贪多，还要放慢脚步。旅行中会遇到很多突发事件，也许会打乱原本的计划。但无妨，不需要追赶计划，随遇而安，慢慢享受当下。也许你们就刚好错过了人潮汹涌的高峰期，而独享安逸幽静的景区，留下美好的记忆。若你气急败坏，或急急忙忙赶路，心情不好再发个脾气，这次亲子旅行算是毁了。

除了上面三点，朋友还建议，出行前可以为孩子准备一个笔记本和几支笔，在等车、坐车、吃饭的间隙，可以让孩子拿来涂涂画画，把自己想到和看到的东西记录下来，比如，第一点里奇怪的字就可以记录下来，这样的记录要比拍一堆照片更有意义。如果孩子大一些，也可以改成让孩子把自己一天里印象最深刻的事情写出来，当作日记或小作文。这样锻炼过的孩子是绝对不会说作文难写的，因为他在游玩时已经获取了很多素材，又在游玩后进行了练习，写出一篇有感情、有文采的作文显然不在话下。

要知道，旅行真正的意义从来都不是去看没有看过的美景这么简单，而是在旅行的过程中，所遇到的人，所经历的事，所看到的风景，以及你的点滴成长。对孩子来讲，这是从书本上无法获得的知识和阅历，是他一生无比珍贵的财富。

孩子的学习成绩差可能是父母的问题

孩子学习成绩差是很多家长的心头病,毕竟在这个知识时代,学习成绩差是会降低孩子未来的竞争力的。对于孩子成绩差,家长往往将原因归咎为孩子不认真学习、学校管理不好、老师教得不好等因素上,却很少有家长考虑自身的原因。

事实上,孩子的学习成绩差,有可能是父母的问题。

王华的孩子是一名四年级的学生,从小孩子的数学主要是由孩子的父亲来辅导。去年王华的丈夫被调到外地工作,孩子的数学就由王华来辅导。而王华又是从小数学成绩就不是很好的人,随着孩子数学学习难度的增大，王华逐渐感到力不从心，时常会产生焦虑感。有时甚至还需要开电话会议，和丈夫一起解决孩子的数学问题。这常常让王华的丈夫很抓狂，因为那些题真的很简单。每当丈夫说"这么简单的题你怎么不帮孩子检查"时，王华就会发火，向丈夫吼道："我不会啊！"

王华这种现象，在心理学上被称为"数学焦虑"。所谓数学焦虑，是指家长在辅导孩子的数学时，会逐渐变得力不从心，从而在面临辅导孩子数学时产生的一种焦虑。内华达大学阿什克拉夫特教授是专门研究数学焦虑问题的。他说，在解决数学问题时，往往需要用到很多的工作记忆，也就是短时记忆。但焦虑会消耗很多工作记忆的资源，这就会让患有数学焦虑的人没有足够的资源去解决他原本可以解决的问题。

其实这种现象也比较好解释，比如，你熟练地背诵了一篇演讲稿，但是上台后因为紧张，大脑就变得一片空白，什么也想不起来。事后这篇演讲稿依然可以倒背如流。有数学焦虑的人也是如此。王华并不是不会做小学四年级的数学题，而是她的焦虑让她无法解决这些问题。

而更可怕的是，父母的这种焦虑会传染给孩子，如果家长在辅导孩子的时候常常说："这题好难啊，我也不会啊！"这就会让孩子在学习上更加没信心，负能量更多。学习成绩也就越来越差。

　　有时候，家长内心的焦虑和浮躁，会比孩子本身不认真学习更能影响孩子的学习成绩。因为孩子不认真学习，是可以引导他去认真学习的。但是如果家长内心的焦虑和浮躁使得孩子的内心不安，他的学习基础层面的支撑就乱了，这种情况下再去学习，就很难学得进去了。

　　实现对情绪的自我调控和管理，是为人父母应当做到的事情，尤其是在辅导孩子学习时更应该做到这一点。"只有内心平静，才有可能沉淀和吸收对教育的理性认知"，父母内心平静，对孩子的教育才会更清晰，才能将对教育的理性认知沉淀为自己的底蕴。只有通过这一过程，教育才是有效的。如果没有科学的方法和丰富的底蕴，就没有实施教育的资本，即便听了再多教育讲座也是徒劳无功的。

IV

你们的家庭环境真的适合孩子成长吗?

家庭的语言环境对孩子的影响

作为父母,你是不是以为3岁之前的孩子什么都不懂,所以在他们面前说什么话都无所谓?如果你这样想,那就大错特错了。美国心理学专家指出,现在的学前教育已经有点儿晚了,对孩子的教育从出生的那一刻起就应该开始了。孩子出生后,大脑处于快速发育的状态,3岁前可以发育到成熟期的80%,会建立起700~1000个神经连接。此时他会通过听觉接收到大量的信息。如果大脑是一个机器,那么父母在孩子出生后三四年间的语言,就是在创造这个机器。从某种程度上来讲,孩子在入学后的表现,其实是对父母教育成果的检验。

有研究显示，4岁前孩子接收到的单词数量和质量，会影响孩子今后的学习能力。在贫困的家庭，4岁前孩子听到的单词量较少，且多为简单的命令性短语，如"不许哭""坐好"。并且贫困的父母在说这些短语的时候，往往带着焦虑、烦躁等负面情绪，生活的贫困使得父母没有心情耐心地和孩子讲话。

而与之相反，在富裕家庭中长大的孩子，4岁前接收到的单词总数较多，能比贫困家庭的孩子多接收近3000万的单词，且接收到的单词更为复杂，听到这些单词时感受到的情绪也有很大不同。

在4岁之后，即便贫困家庭的孩子可以得到与富裕家庭孩子同等的教育机会，在学习时也很难赶超富裕家庭的孩子。这是因为，在他们4岁之前，他们接受新知识的方式已经基本定型，他们在数学能力、空间推理能力、毅力、自律性、道德感等方面的表现已经存在差别，而这些差别，都和他们前四年听到的单词有关。所以，有些孩子即便十分努力，却依然成绩不是很好；即使认真听新知识，却依然理解得很慢。

可见，家庭的语言环境对孩子的大脑发育有着十分重要的影响。孩子是否聪明、学习能力是否很强，起到关键作用的正是0~3岁这三年时间。

那么，如何给孩子打造良好的语言环境呢？

第一，和孩子多说一些与数字有关的词语，比如一、二、三……在表达数字时,要准确,包括你以为孩子根本听不懂的十、百、千、万等,这能够提升孩子的数学能力。

第二,和孩子多说一些与空间有关的词语,比如物体的大小、形状、距离、重量等,这能够帮助孩子提升空间感知能力,有助于物理、科学、工程学的学习。

第三,多给孩子讲一些鼓励的话,培养孩子的毅力。孩子听到越多表扬自己毅力的话,就越能提高毅力。另外,还可以多讲一些有助于培养孩子自律性的话,父母的语言会对孩子控制自己的行为和情绪产生很大影响。

另外,还可以采用"3T"法则,即接收(Tune In)、多说(Talk More)、轮流(Take Turns)。要注意接收孩子想向你表达的讯息,用大量描述性的词语和孩子沟通,鼓励孩子与自己进行语言互动。

比如,孩子抓起一个东西玩,还会拿来给你。此时他可能还不会说话,但他已经在用行动和你交流。如果你敷衍或无视,就失去了孩子要向你表达的讯息。按照"3T"法则,你应该和孩子沟通交流,给孩子讲这个东西的颜色、大小、形状、重量。此时,你与孩子的互动是在帮助他建立和连接大脑神经元。

所以,即使孩子不会说话,也要及时回应他。要给孩子创造丰富的语言环境,这里所说的语言环境是要有互动性质的,给孩子看电视并不能达到预期效果,而给孩子读书则可以。因为电视节目是单向的,不能产生互动,读书则可以边读边与孩子互动。互动时还要注意情绪的表达,不要将负面情绪传达给孩子。

你要相信,在丰富的语言环境下,即使孩子听不懂,他的大脑也一直在记录。

孩子的新生家庭是原生家庭的 Copy

近两年,"原生家庭"一词的曝光率越来越高,这说明越来越多的人开始注意到家庭对孩子产生的影响。

荣格曾说过:"原生家庭对家里子女的影响越深刻,子女长大之后就越倾向于按照幼年时小小的世界观来观察和感受成年人的大世界。"甚至于子女长大后,会将原生家庭复制到自己的新生家庭中。

美国心理治疗专家鲍恩也认为,原生家庭中的父母关系模式和亲子关系模式,会持续影响孩子未来的人际关系,尤其是在亲密关系中,人会倾向于复制早期原生家庭中建立的关系模式。

可以认为，一个人的精气神，其实就是他的原生家庭的缩影。但其实，原生家庭对一个人的影响远远不止这些。

高晓松在《奇葩大会》上曾首次提到原生家庭带给自己的影响。他说，从小到大，他都没问过父亲任何问题，一个也没有。这句话，高晓松在现场强调了三遍。小时候的高晓松与父亲的关系非常不好，使得他至少有二十年的时间处于爱较劲、讨厌心理干预、抓住他人缺点不放的状态。最后他说："因为我直到最近几年，当我终于走出来了，我才知道我原来没走出来。"

他的父亲还是一位文化修养很高的教授，连高晓松这样才华横溢的人都会被自己的原生家庭影响得如此深远，普通人就更难摆脱原生家庭在自己身上烙下的印记了。

弗洛伊德认为，成人的人格特征，是童年时期性本能活动受到压抑、升华、反向作用、固着、退化的结果。每个人出生时都是一张白纸，最后演变成众生百态，都是原生家庭刻画出来的。

钱钟书和杨绛结婚时，钱父提出要杨绛待在家里学家务，最好不要出去工作。对于钱父这种老派思想，杨父当即给出了反应，说："钱家倒很奢侈，我花这么多心血培养的女儿就给他当不要工钱的老妈子！"

虽然杨绛是个女孩，但杨父依然精心培养，让她读书上学，让她自己选择婚姻职业。杨绛回忆说，父亲从来不强迫自己做什么，连大学选专业都是按照自己喜好选择的。

杨父这种教育女儿自尊自爱、男女平等的思想，使得杨绛嫁给钱钟书后，就算做了"不要工钱的老妈子"做的事情，也没有委屈、下嫁的感觉。她依然会做自己喜欢的工作，开展自己的兴趣爱好。她为自己赢得了地位，被人们尊称为"杨绛先生"。

相比于杨绛，为爱低到尘埃里的张爱玲和婚姻多舛的萧红就显得不是那么幸运，而她们感情不幸的根源，还是来自原生家庭对她们的影响。

歌德在阅尽世间繁华与悲苦后说，无论是国王还是农夫，家庭和睦是最幸福的。对于孩子来说，又何尝不是如此。一个家庭，就算经济条件不是很好，但若是有温度、有真情，这个家庭的运势必然会逐渐转好。

重组家庭中继父母与孩子的相处之道

随着离婚率的不断攀升，单亲家庭和重组家庭越来越多。这就面临着一个很现实的问题，那就是继父母与孩子如何相处的问题。

从以往的很多案例中，我们知道，继父母往往很难与孩子很好地相处。尤其是孩子处于叛逆期时，更容易成为问题少年。

那么，为什么继父母很难和孩子融洽相处呢？这要从重组家庭对孩子的影响上来说。

研究显示，重组家庭的孩子在自尊上并没有与原生家庭的孩子有太大的差异，但是学习成绩却往往会有显著变化。重组家庭的孩子学习成绩会更差，也更容易辍学。这种孩子还比较容易感受到生活的压力，他们会对新家庭表现出不适感，比较倾向于自己出去独立生活。还有研究显示，女孩更不易接受重组家庭，对重组家庭的适应能力较差，更易出现消极的情绪和行为。

尤其是孩子年龄越大，对继父母的认同越弱，相处起来也越难融洽。其实，平衡重组家庭确实是一件十分困难的事情，因为要平衡的人际关系会更复杂。对此，美国重组家庭研究专家提出了5条继父母与孩子融洽相处的建议。

1.服从孩子的亲生父母。在刚刚重组的家庭中，孩子如果出现问题，或者做错事情，应当由孩子的生父或生母去判断和解决，继父母只需要支持伴侣的决定就好，千万不要插手去管教孩子。这样才有利于继父母与孩子尽快磨合，建立良好的亲子关系。

2.不要和不在孩子身边的亲生父母竞争。作为继父母，在教育孩子上，不要妄图做得比孩子的亲生父母好。当孩子离开自己的生父或生母，进入一个新的家庭时，就算他原来的生父或生母对自己不好，他也会念着他们的好。而继父母只是与自己没有血缘关系的"外人"，如果此时继父母过于表现自己的关切，反而会引起孩子的反感。不要说孩子亲生父母的坏话，不要试图超越他们。

3.积极发现孩子的兴趣。对于孩子来说，兴趣永远是最有吸引力的。作为继父母，如果你发现了孩子的兴趣也是你喜欢的，那就可以从这方面切入，和孩子先做朋友，一起发展这个兴趣。但需要注意的是，此时千万不可用"父母"的身份介入，而是要作为朋友或者关心他的叔叔、阿姨，以免激起孩子的抵触心理。

4. 在某些场合适当地离开。适当地给伴侣和孩子一些独处时间，让孩子感受到来自生父或生母的爱，减少失落感，从而更快地接受新的家庭。

5. 无论如何，都要对孩子表现出爱意。作为继父母，如果实在很难喜欢上伴侣带来的继子或继女，那也要表现出有爱意的行为。要知道，孩子也未必喜欢你，可能他们也很讨厌你。但没关系，就算是工作中遇到陌生的新同事，你也会表示出善意的，对吧？

总之，对于孩子来讲，父母离异，其中一方从此不再陪伴自己，已经是一件十分难过的事情。而他所承受的这种痛苦又会带到重组家庭中。若继父母与孩子的相处方式不当，极易引起孩子的消极抵抗，给新家庭带来灾难。所以，多理解孩子，多倾听孩子的心声，向孩子示好，最终，时间会让你们相处得越来越融洽。

单亲家庭如何营造孩子的成长环境

除了重组家庭,很多离异后的父母,会为了孩子选择做单亲妈妈或单亲爸爸。实际上,我们已经说过很多次,单亲家庭长大的孩子会由于缺乏父亲或母亲的陪伴,而出现一些人格上的问题。但单亲家庭又是一个很难避免的现实问题。

既然如此,如何才能让孩子在单亲家庭中尽可能地健康成长呢?这就需要单亲家长拿出更多的勇气和耐心去陪伴孩子。

第一,父母应该让孩子明白,父母之所以会分开,并不是他的错。选择分开是父母的决定,是父母的感情破裂,无法生活在一起才分开的。得到孩子抚养权的一方,要平静地告诉孩子,你们将开始一种新的生活,即便是会遇到一些困难,你们也会一起度过。同时,还要告诉孩子:"即便爸爸妈妈不在一起了,爸爸妈妈也会像以前一样爱你,你永远是爸爸妈妈的宝贝。"父母离异后,与孩子一起生活的一方,切忌不可将夫妻离异的责任推到孩子身上,并时时拿出这件事指责孩子,更不可将孩子作为报复对方的武器。这些行为都会对孩子的心理造成很大伤害,可能会使孩子一生都要背负着内疚和负罪感。

第二,就算是离异,父母双方也都有义务给予孩子应得的爱。要让孩子感受到,即便父母分开了,但并不会减少父母对他的爱。这将有助于孩子尽快走出父母离异的伤痛。

第三,无论是带着孩子的一方,还是未带着孩子的一方,在离异后见到孩子时,都不要在孩子面前否定另一方,不要让孩子对另一方产生恨意,否则这将会使孩子对性别产生仇视。

第四,如果经济条件允许,尽可能给孩子提供充足的物质生活保障,但不可只用物质来弥补孩子受到的伤害。另外,在离异后,夫妻双方也应该保持对孩子正常的爱,不要因为自己感情失衡而将所有的爱都倾注到孩子身上,造成保护过度或溺爱孩子,这容易使孩子增加依赖性,形成脆弱、依赖、缺乏主见和独立意识的性格。离异后与孩子生活在一起的父母应当做到和孩子既互相依赖又互相独立,以培养孩子的独立性格。

第五,不要随意打骂孩子,尤其不要将自己做单亲妈妈或单亲爸爸的选择压在孩子身上，说什么"我还不是为了你才一个人这么艰难地活着""我现在这样全都是为了你"之类的话。更不要将孩子当作自己唯一的精神寄托，给孩子寄予太高的期望，给孩子带来巨大的心理压力，孩子可能会因为心理压力过大，而导致心理崩溃，严重时甚至会精神失常。

另外，关于孩子抚养权的问题，夫妻双方应当尊重孩子的选择，包括离婚后孩子想见父亲或母亲的想法也要给予尊重和满足。无论是父亲获得孩子的抚养权，还是母亲获得孩子的抚养权，都要给孩子温暖、积极、正能量的陪伴，满足孩子的情感需求，为孩子营造出健康舒适的家庭环境。如果发现孩子有异常行为，要尽快找出原因，及时疏导，帮助孩子健康成长。

隔代抚养孩子不可不知的育儿经

"留守儿童"和"留守老人"是当下中国一个常见的社会现象,越是经济落后的偏远地区,这种现象发生的概率就越高。为了维持生计,年轻力壮的人纷纷外出打工,将孩子留给老人抚养。可是,隔代抚养方式对孩子的成长状况是不利的。

其实,不只是"留守儿童"面临着隔代抚养的问题,很多在城市里居住的夫妻,由于工作繁忙,也会将孩子丢给爷爷奶奶或者姥姥姥爷抚养。

密歇根大学教授菲考斯卡和康纳尔大学教授丹尔丰经过研究发现,那些由祖父母抚养长大的孩子,学习成绩、社交能力、情绪控制等方面都要比由父母抚养长大的孩子差。即便是祖父母的经济条件、教育背景、婚姻情况比孩子的亲生父母要好，抚养方式也和孩子父母的抚养方式相似，结果依然是如此。

比如，祖父母抚养大的孩子数学较差、情绪控制能力较差、往往缺乏爱心，易出现发怒、叛逆、悲伤等情绪；与父母抚养长大的孩子相比，他们身体状况并不差，但却更容易出现注意力不集中和多动症的情况。

当然，之所以会出现这种差异，和时代发展有一定关系，祖父母的思想观念和教育方式跟不上时代。但不可否认的是，父母不能陪伴孩子成长，这对孩子来说是一种创伤，对祖父母来说也可能是一种创伤。本来孩子缺乏父爱、母爱的这一创伤就很难修复，再加上与同样有着创伤的抚养者一起生活，如果说不会对孩子的成长带来影响，那是不可能的。

如果父母有条件能够直接抚养孩子，最好还是将孩子带在身边由自己抚养。除非孩子的父母去世或无力抚养孩子，或者因为婚姻关系破裂，孩子的父母都不想抚养孩子。

不管出于什么原因，当祖父母不得不承担起孙辈的抚养责任时，孩子将在父爱和母爱缺失的家庭环境下长大已经是不可更改的事实。那么，我们此时只能考虑如何将隔代育儿的不良影响降到最低。

首先，祖父母在抚养孩子时，应当清楚自己抚养孙辈的感受。我们常讲"隔代亲",就是指祖父母在看到孙辈孩子时总是充满了无限的爱意。但与单纯享受作为祖父母的乐趣不同,他们还肩负着抚育孩子的重任,此时他们可能就会生出一些负面情绪,如怕自己照顾不好孩子而产生的压力、万一自己发生不测孩子怎么办的担心、对不负责任的孩子父母的愤怒、对孩子打扰自己退休后快乐生活的怨恨、对自己没能将孩子的父母培养成合格父母的内疚、对自己不得不照顾孙辈而失去自由的遗憾等。如果祖父母被这些负面情绪包围,敏感的孩子是会察觉到的,这对他们来说,将是又一次的伤害。所以,祖父母应当从自己丰富的人生经验和以前的教育经验中吸取教训,不要低估自己的能力,尽力给孩子营造一个轻松、快乐的成长环境。

其次,祖父母要照顾好自己。照顾孩子是一件耗费精力的事情,即便是年轻人,有时候也会感到力不从心。祖父母在照顾孩子时,应当要注意照顾好自己。无论是身体还是心理,如果在照顾孩子的过程中感到吃力,负面情绪较多时,要注意寻求帮助或自我调节。只有拥有好身体和健康的心态,才能更好地抚养孩子。

再次,与孩子交流时一定要开诚布公。孩子可能会问:"爸爸妈妈什么时候回来?"祖父母不要随便说个时间来欺骗孩子,如果无法回答,就说不知道。不要给孩子希望,又让他失望,最后还会对你失去信任。在和孩子沟通时,要注意说话的尺度。有些事情孩子在这个年龄段还不适合知道太多，如果说得太多，孩子无法分辨和理解，可能会产生迷茫、害怕、痛苦等情绪。但也不能什么都不说，孩子其实很聪明，也很敏感，你不说的事情，他自己会从生活中、别人的言语中感受出来，如果真相是从别人那里知道的，孩子会更受伤，可能以后也不会和你交流，因为他会觉得那是你的禁忌。在告诉孩子真相时，不要扭曲事实，也不要欺骗孩子，因为孩子早晚会知道真相，那时对他的打击会更大。最好的方法是根据孩子年龄和成长的情况，一点点告诉他该知道的事情，并且实事求是。这样有助于孩子学会诚实可靠地维持一段关系。

最后，如果可以，祖父母应当鼓励孩子与自己的父母联系，即便父母不能陪在身边，如果能够时常与父母保持沟通联系，对孩子的成长也是大有益处的。

寒门真的再难出贵子吗?

关于"阶层固化"的问题,最近一直被网友们热议,很多公号大 V(微博上活跃、有着大群粉丝的用户)也纷纷发表了自己的观点。"寒门再难出贵子"成为很多人讨论后的一声叹息。

寒门真的再难出贵子吗?显然不是,还是有不少励志的故事在反驳着这一观点。但是,不可否认的是,贫困家庭出身的孩子,在成功的道路上总是走得更为艰辛。

最近华盛顿大学有一项新的研究,研究发现,贫穷的成长环境会对一个人大脑的连接造成影响。他们调查了数百名儿童,年龄在 7~12 岁之间,在对这些儿童的大脑进行扫描后发现，贫穷孩子的大脑关键结构的连接与非贫穷孩子是不同的，尤其是在海马回和杏仁核上的差别更为明显。我们都知道，海马回是控制着学习、记忆和处理压力的脑区，杏仁核是与压力和情绪有关的脑区。贫穷孩子这两个脑区与其他脑区的连接要比非贫穷孩子弱。后来进行的脑部核磁共振结果也证明了这一点，越贫困的孩子，脑部连接越弱，且入学后出现抑郁的概率越大。

可见，童年时期贫困的成长环境，真的会对一个人的人格和思维造成极大的影响，而这种影响很可能是终生的。当一个人的人格和思维都存在问题，能成功的可能性就微乎其微了。所以网友叹息"寒门再难出贵子"也并非毫无根据。

但参与这次研究的巴克博士也说："贫穷会影响大脑的发育，但是还有很多别的方法可以有助于大脑和积极情绪的发展。如果我们能够更早介入，就能帮助孩子进入一个更好的发展轨道。"

所以，如果你的家庭确实十分贫寒，不要放弃，物质上无法给予孩子的，尽可能多从精神上弥补给他。

其实，现如今在中国，大多数的家庭也并非真的是挣扎在温饱线上，大部分家庭在物质上已经可以满足孩子的基本生长需求。而所谓的"寒门"也不过是家庭条件不允许孩子有更丰富的视野而已。比如，条件优渥的孩子可能从小就出国旅游，学习外语、钢琴，接触名流；而家境一般的孩子只能按部就班地学习，教育资源缺乏,没有机会出游见世面。但对于这些差距,家长可以努力为孩子创造优越的精神条件,以此来缩小差距,如用多带孩子读书等方式,来为孩子打开另一条通道,使其能够尽可能地快速成长,逆袭成功,从而改变大家关于"寒门再难出贵子"的刻板印象。